COLLECTION FOLIO

Olympe de Gouges

Déclaration des droits de la femme et de la citoyenne et autres écrits

« Femme, réveille-toi ! »

Édition présentée par Martine Reid

Gallimard

Édition revue, janvier 2022.

PRÉSENTATION

Parfaitement oubliée il y a encore quelques décennies, Olympe de Gouges figure désormais en bonne place dans l'histoire des femmes de la Révolution et des premières féministes. En 1989, la demande visant à la faire entrer au Panthéon a échoué, mais depuis, quelques rues, bâtiments, salles de spectacles, amphithéâtres et lycées portent en France le nom de l'autrice de la *Déclaration des droits de la femme et de la citoyenne*. Ses œuvres ont été exhumées et rééditées, certaines de ses pièces ont été jouées. Sa vie a fait l'objet de solides biographies, à commencer par celle d'Olivier Blanc en 1981[1], et ce avant Benoîte Groult[2], qui n'a jamais

1. Olivier Blanc, *Marie-Olympe de Gouges. Une humaniste à la fin du XVIIIe siècle*, Paris, Éditions Syros, 1981 (nouvelle édition, 2003). C'est également à Olivier Blanc que l'on doit l'excellente édition des *Écrits politiques* (Paris, Indigo et Côté-femmes éditions, 1993, 2 vol.).

2. Benoîte Groult, *Ainsi soit Olympe de Gouges*, Paris, Grasset, 2013 (une biographie romancée y précède quelques textes poli-

dissimulé son intérêt pour celle qui fut passionnément attachée à la défense des femmes, mais aussi des Noirs et des pauvres. Récemment, Olympe de Gouges a également inspiré quelques écrivaines, ainsi que la bande dessinée de la dessinatrice Catel et du scénariste Jean-Louis Bocquet.

Marie Gouze naît à Montauban en 1748 dans un milieu modeste, de langue et de culture occitanes. Son père putatif est boucher, son père véritable, selon toute vraisemblance, le poète et dramaturge toulousain Jean-Jacques Lefranc de Pompignan, lié un moment à sa mère, Anne-Olympe Mouisset, fille de drapier. Non reconnue (« mon père m'a oubliée au berceau », fait-elle dire à l'héroïne de *Mémoire de Madame de Valmont)*, Marie Gouze est mariée à l'âge de seize ans à un « officier de bouche » d'un certain âge, Louis-Yves Aubry, qui meurt peu de temps après en lui laissant un fils. La liberté inattendue dont elle jouit grâce à son veuvage lui permet bientôt de rêver d'une autre vie, et, pour cette vie, d'un autre nom, mélange d'audace et de revanche qui la caractérise bien : pour ses contemporains et pour la postérité, elle sera « Olympe de Gouges ». Elle s'installe à Paris au début des années 1770 et devient la compagne de Jacques Biétrix de Rozières, chargé de transports militaires au ministère de la Guerre, avec

---

tiques). L'ouvrage fait suite à un recueil d'extraits de l'œuvre paru au Mercure de France en 1986.

lequel elle restera liée jusqu'à la Révolution. « Le mariage est le tombeau de la confiance et de l'amour », écrit-elle dans la *Déclaration des droits de la femme et de la citoyenne*, soucieuse de défendre une forme d'union libre légalement réglementée.

Belle femme, autodidacte, d'un caractère bien trempé, Olympe de Gouges fréquente peu à peu quelques hommes de lettres mineurs, parmi lesquels Louis-Sébastien Mercier. Ce dernier l'introduit dans le monde, mêlé, des folliculaires, journalistes, comédiens et gens de théâtre. Elle tient salon rue Servandoni et monte chez elle un petit théâtre de société. En 1786, elle publie un drame, *L'Homme généreux*, suivi d'une comédie, *Le Mariage inattendu de Chérubin*, inspiré de la pièce de Beaumarchais. L'année précédente, elle avait réussi à faire accepter à la Comédie-Française une pièce intitulée *Zamore et Mirza ou l'Heureux Naufrage*, qui faisait allusion au sort inique des Noirs dans les colonies. Le sujet ayant rencontré l'hostilité d'une partie des comédiens et de quelques aristocrates influents, la pièce ne sera jouée qu'en décembre 1789.

En cette fin des Lumières, Olympe de Gouges poursuit son (modeste) chemin de femme de lettres, attentive aux problèmes qui la touchent de près (la bâtardise, la condition des femmes et leur rapport avec les hommes) comme aux questions qui occupent les esprits progressistes du temps. Elle figure sur la liste des membres de la Société des

Amis des Noirs qui milite pour la disparition de l'esclavage. Elle a ses entrées chez Mme de Montesson, épouse morganatique du duc d'Orléans et tante de Mme de Genlis, dramaturge à ses heures, ainsi que chez Fanny de Beauharnais. Si elle publie un roman épistolaire à caractère autobiographique, *Mémoire de Madame de Valmont* (1788), et plus tard un « conte oriental », *Le Prince philosophe* (1792), c'est surtout au théâtre qu'Olympe de Gouges se consacre, par goût du dialogue et de la représentation autant sans doute que de la polémique. Elle a mesuré l'impact de la forme dramatique, et le goût croissant du public pour les questions d'actualité, ainsi pour *Le Couvent, ou les Vœux forcés* représenté en 1790. Souvent dictées à la hâte, ses nombreuses pièces seront néanmoins peu jouées. Au total, sa production proprement littéraire court sur un petit nombre d'années et ne se démarque guère des productions mineures alors en vogue.

Les événements révolutionnaires vont toutefois lui offrir l'occasion de participer activement au débat d'idées qui fait rage. Ce sont eux, surtout, qui vont faire la réputation d'une Olympe de Gouges pamphlétaire, aux vues courageuses et originales. Dès 1788, dans le *Journal général de France*, elle publie une « Lettre au peuple » où elle invite ses compatriotes à constituer une « caisse patriotique » afin d'aider à relever les finances publiques. Le ton, celui des « doléances » que 1789 va encourager, est donné. « Les citoyens se sont arrogé le droit de tout entreprendre, et de tout dire », fait-elle observer dans une lettre adressée cette fois au duc d'Orléans, futur Philippe-Égalité, en juillet 1789. Elle-même ne s'en prive pas. Dans des textes brefs, placardés sur les murs ou publiés en brochures, généralement imprimés à compte d'auteur, elle exhorte sans relâche les « bons citoyens » à faire preuve de discernement, à juger favorablement l'action des États généraux, à se montrer sensibles à la situation du peuple, des femmes et des Noirs. « Royaliste et véritable patriote, à la vie à la mort », elle soutient le roi, Necker et Mirabeau, plus tard Dumouriez, appelant par ailleurs les femmes à la modestie autant qu'à la solidarité, tout en plaidant pour le divorce et la défense des filles-mères. Pugnace et déclamatoire, parfois véhément, le ton de ces textes atteste le sentiment d'urgence qui habite la pamphlétaire autant que son souci de convaincre ses « concitoyens ». Le désir de se mêler en toute liberté à la grande effervescence du moment, des vues audacieuses, notamment pour rapprocher le sort des esclaves de celui des femmes et des « malheureux », un certain conservatisme politique aussi caractérisent des écrits non dépourvus toutefois, comme ses pièces de théâtre, de contradictions.

En septembre 1791, Olympe de Gouges publie la *Déclaration des droits de la femme et de la citoyenne* dédiée à Marie-Antoinette. Démarquée de la fameuse *Déclaration des droits de l'homme et du citoyen* publiée deux ans plus tôt, cette publication ne semble pas avoir fait grand bruit. Son autrice n'est pas la première, loin s'en faut, à défendre l'idée de l'égalité entre les hommes et les femmes (celle-ci revient à Marie de Gournay, autrice de *Égalité des hommes et des femmes* en 1622). La situation des femmes occupe par ailleurs les esprits de l'époque, comme en témoigne l'ouvrage de Marie-Armande Gacon-Dufour, *Mémoire pour le sexe féminin contre le sexe masculin* (1787), ou celui de Condorcet, qui évoque l'égalité des droits des hommes et des femmes dans *Sur l'admission des femmes au droit de cité* (1790). De son côté, Mary Wollstonecraft en défend vigoureusement le principe dans *Défense des droits de la femme (A Vindication of the Rights of Woman)* paru à Londres en 1792. Il n'empêche que rappeler le statut problématique des femmes dans la Révolution qui commence et réclamer une égalité véritable entre les deux sexes, inscrite dans la loi, n'est pas le moindre des mérites d'un texte original, résolument frondeur, sans équivalent à l'époque.

La fréquentation de Condorcet et de sa femme Sophie qu'elle rencontre à Auteuil, ainsi que de quelques hommes politiques influents bientôt ralliés aux girondins, achèvent de conférer à Olympe de Gouges une certaine notoriété. Ses positions girondines se précisent et elle va jusqu'à se proposer pour la défense de Louis XVI quand celui-ci est appelé à comparaître devant le tribunal révolutionnaire.

Le 3 novembre 1793, âgée de quarante-cinq ans, Olympe de Gouges périt sur l'échafaud pour la publication d'écrits jugés antirévolutionnaires et pour des positions antijacobines qu'elle n'a jamais cherché à dissimuler. Elles vaudront également la condamnation à mort, quelques jours plus tard, à la femme d'un ancien ministre de Louis XVI, Mme Roland, remarquable analyste de la Révolution et des contradictions politiques risquant à terme de la conduire à l'impasse. À l'égard de l'une comme de l'autre, la presse jacobine est unanime, qui voit chez ces deux femmes des prises de position et des activités « contre nature ». Au XIXe siècle, les grands historiens de la Révolution fustigeront de même, le plus généralement, et la présence des femmes en politique, et quelques figures qu'il sera facile, en les isolant, de qualifier d'insensées. Un long oubli (en réalité une longue censure) commence, que les travaux plus récents sur la Révolution, à commencer par ceux d'Albert Soboul, travailleront peu à peu à dissiper.

Autrice mineure comme l'époque en compte en nombre, femme de théâtre et pamphlétaire, Olympe de Gouges illustre exemplairement sans doute un *moment*, celui d'un entre-deux siècles mouvementé qui va rendre possible l'accession des femmes à la parole publique et, plus ouvertement qu'auparavant, à la publication : « Je n'ai vu que d'après mes yeux ; je n'ai servi mon pays que d'après mon âme ; j'ai bravé les sots ; j'ai frondé les méchants », écrit-elle alors qu'elle va comparaître devant le tribunal révolutionnaire. Celles qui la précèdent, attentives à leur « condition », n'auraient guère pu rêver de la franchise et de la fougue avec laquelle Olympe de Gouges défend ses positions ; quant à celles qui la suivent, elles bénéficieront incontestablement de la liberté d'expression encouragée par la Révolution pour poursuivre, George Sand en tête, mais aussi Flora Tristan ou les sympathisantes du mouvement saint-simonien, la dénonciation des inégalités, réclamant pour les femmes, longtemps en vain, l'obtention des droits civils et politiques. C'est ainsi, rétrospectivement surtout, que le geste d'Olympe de Gouges prend toute sa valeur et tout son sens — pour s'inscrire dans une histoire longue, et combien lente, celle de l'accession des femmes à l'égalité.

MARTINE REID

NOTE SUR LES TEXTES

Outre la *Déclaration des droits de la femme et de la citoyenne*, nous avons choisi de reproduire ici, dans une édition conforme aux règles typographiques actuelles, quelques textes brefs publiés par Olympe de Gouges entre 1788 et 1793. Sous forme d'affiches ou de brochures, de lettres ouvertes adressées à ses compatriotes, l'autrice y expose ses idées, milite pour l'égalité entre les hommes et les femmes, défend sa pièce de théâtre contre l'esclavage des Noirs, prend ouvertement position contre les Jacobins et se défend des accusations dont elle est l'objet, jusqu'à l'heure de sa comparution devant le tribunal révolutionnaire.

Saisis au domicile d'Olympe de Gouges lors de son arrestation, les textes originaux, généralement signés, sont conservés aux Archives nationales.

En faveur des femmes

Projet utile et salutaire

Olympe de Gouges appelle à la création d'un hôpital pour les femmes, sur le modèle des Invalides réservé aux militaires.

J'ai écrit en faveur de ma patrie, j'ai écrit en faveur du peuple malheureux.

Dans les saisons rigoureuses et dans les temps de calamité, le nombre d'ouvriers qui souffre sans secours est formidable. Sans doute il est horrible pour le genre humain qu'il périsse d'une misère trop cruelle, une quantité d'hommes toujours utiles à l'État, mais il est encore plus dangereux de les secourir avec trop de profusion.

Le malheureux souffre longtemps avant que l'humanité secourable lui ait ouvert ses largesses ; pourquoi tout n'est-il chez les Français qu'indifférence, extrémité désordonnée, que fureur, enthousiasme ou cruauté ? Les hommes instruits ont de la peine à se vaincre, quand une fois leur tête est exaltée ; comment le peuple dans sa fureur ne serait-il pas capable de tout ? Il égorge, il incendie avec cruauté, sans être ému un seul moment de sa barbarie ; il chante, il rit, il se livre, dans ces instants d'horreurs aux plus grands excès de débauche ; et dans cette ivresse meurtrière, ce peuple effréné trouve lui-même une fin cruelle.

Les observations de Réveillon et du salpétrier du roi sur les ouvriers ont produit cette terrible catastrophe ; et cet événement funeste prouve assez combien il est difficile de faire le bien, et combien tout citoyen doit trembler de l'indiquer. Le peuple en général est injuste, ingrat, et finit par être rebelle.

Le peuple doit être secouru dans des temps de calamité, mais si on lui donne trop dans d'autres moments, on l'expose à la paresse, on lui ravit toutes ses ressources. Ces bienfaits sont pour lui des dons funestes.

Sans doute, il n'y a point de province dont les députés ne proposent des établissements, ou une caisse de commerce dont le produit serait répandu sur les ouvriers sans travail dans les saisons rigoureuses, et dans des temps de disette.

Je ne m'étendrai pas sur cette matière ; je n'ai que de bonnes vues, et sans doute je ne manquerai que par les moyens. Mais la nation n'y suppléera que de reste.

Si l'on indique un impôt volontaire, j'ose croire qu'on établira une caisse nationale propre à recevoir les deniers consacrés à acquitter les dettes de l'État ; cela revient à-peu-près à mon projet, et c'est toujours très satisfaisant pour mon cœur d'avoir proposé cette idée la première, avant qu'on eût arrêté l'époque des États Généraux.

Je ne parle point des autres impôts que j'ai de même proposés dans ma *Lettre au peuple*, et dans les *Remarques patriotiques*. S'il y en a quelques-uns qui soient d'une nature à être mis en vigueur, la nation n'en négligera point l'exécution, quelque soit le sexe de l'auteur.

La véritable sagesse ne connaît ni préjugé ni prévention ; le vrai seul l'intéresse et le bien général la guide ; c'est donc à cette sagesse à qui je soumets le fruit de mes réflexions. Je l'engage à glisser sur les fautes qui fourmillent dans ces productions, et je la prie de s'arrêter un moment sur quelques nobles maximes qui les décorent et qui caractérisent le but de l'auteur. S'il pouvait espérer que la nation fît quelques réflexions utiles sur ces trois productions patriotiques, il ne demanderait pour toute récompense que l'accomplissement d'un projet fondé sur l'humanité ; quant à celui du théâtre patriotique qui se trouve au dernier chapitre du *Bonheur primitif de l'Homme*, c'est à la nation à décider s'il est favorable aux mœurs.

Tout bon citoyen convient que pour rendre à la France sa bonne constitution il faut essentiellement s'occuper de la restauration des mœurs.

Il serait donc possible de trouver un moyen intéressant ; et quel moyen plus salutaire aux hommes, que celui de ses plaisirs ? Quel est le théâtre de nos jours qui offre une école de mœurs ? Dans tous on trouve ce qui peut flatter et entretenir les vices. Ces horribles traiteaux ont fait la perte du peuple. On voit un ouvrier se priver de pain, abandonner son travail, sa femme et ses enfants, pour courir chez Nicolas, Audinot, aux Variétés, aux Beaujolais, aux délassements comiques, et tant d'autres encore qui obèrent le peuple, qui dépravent les mœurs, et qui nuisent à l'État.

Certainement la nation ne négligera point cet article ; c'est peut-être le plus essentiel, et si une bonne religion a été toujours les fondements inébranlables du salut des états et des peuples, un théâtre moral dont les actrices seraient irréprochables, conviendrait à la société des hommes policés, exciterait les vertus, corrigerait les libertins ; et à peine dix ans se seraient écoulés, que l'on reconnaîtrait que la bonne comédie est véritablement l'école du monde. Il y a eu plus d'une Doligny, et chacun sait que cette actrice a été irréprochable dans ses actions comme dans sa conduite ; aussi Mlle Doligny fut toujours respectée, et les jeunes gens qui l'admiraient dans ses rôles, s'en retournaient chez eux avec une bonne idée des femmes et du mariage, espérant qu'un jour, le sort les unirait à des femmes aussi intéressantes que cette actrice, tant son air, et son ton de décence et de noblesse était imposant. Peut-on se dissimuler que si des actrices du théâtre patriotique réunissaient le talent aux vertus de Mademoiselle Doligny, ce bon exemple n'influerait pas sur tous les autres spectacles ?

Mais c'est assez m'être occupée de choses frivoles, quoique cette frivolité soit devenue de nos jours, la chose la plus essentielle. S'il est vrai que le spectacle soit nécessaire aux états, qu'il soit inventé pour la récréation et l'instruction des hommes, sans doute le gouvernement et la nation assemblée approuveront mon théâtre.

Mais ce qui m'intéresse particulièrement et qui touche de près tout mon sexe, c'est une maison particulière, c'est un établissement à jamais mémorable qui manque à la France. Les femmes, hélas ! trop malheureuses et trop faibles, n'ont jamais eu de vrais protecteurs. Condamnées dès le berceau à une ignorance insipide, le peu d'émulation qu'on nous donne dès notre enfance, les maux sans nombre dont la nature nous a accablées, nous rendent trop malheureuses, trop infortunées, pour que nous n'espérions pas qu'un jour les hommes viennent à notre secours.

Ce jour fortuné est arrivé.

Depuis que le royaume est en équilibre, et que la plupart des esprits sont exaltés, ce jour tant désiré a ramené le calme, et tous les Français sont aujourd'hui moins agités : il faut espérer que la nation assemblée n'est composée que d'esprits droits, de cœurs sensibles, de bons citoyens, et qu'elle répondra parfaitement aux bontés populaires du monarque.

Ô citoyens ! ô monarque ! ô ma nation ! que ma faible voix puisse retentir dans le fond de vos cœurs ! qu'elle puisse vous faire reconnaître le faible sort des femmes. Pourriez-vous en entendre le récit sans verser des larmes ? Lequel d'entre vous n'a point été père, lequel d'entre vous n'est point époux, lequel de vous n'aura point vu expirer sa fille ou son épouse dans des douleurs ou dans des souffrances cruelles ?

Quels maux sans nombre les jeunes demoiselles éprouvent pour devenir nubiles ? Quels tourments affreux les femmes ne ressentent-elles pas quand elles deviennent mères ? et combien il y en a-t-il qui y perdent la vie ?

Tout l'art ne peut les soulager et souvent on voit de jeunes femmes, après avoir souffert jour et nuit des douleurs aiguës, expirer entre les bras de leurs accoucheurs et donner, en mourant, la vie à des hommes dont, jusqu'à ce moment, aucun ne s'est occupé sérieusement de témoigner le plus petit intérêt à ce sexe trop infortuné, pour les tourments qu'il lui a causés.

Les hommes n'ont rien négligé, rien épargné pour se procurer particulièrement des secours humains. Ils ont fondé plusieurs établissements, les Invalides aux militaires, la Maison de charité des nobles, et celle des pauvres recommandés par des riches ou par des grands.

Cette même humanité doit aujourd'hui les rendre généreux et protecteurs de ce sexe qui gémit depuis longtemps, qui est confondu dans des circonstances désastreuses avec les derniers des humains. Ce sexe, dis-je, trop malheureux et sans cesse subordonné, il m'inspire, il me prie, il m'engage, il me presse de demander à la nation une Maison de charité particulière, où il ne soit reçu que des femmes.

Cette Maison ne devrait être consacrée qu'aux femmes du militaire sans fortune, à d'honnêtes particuliers, à des négociants, à des artistes ; en un mot pour toutes les femmes qui ont vécu dans une honnête aisance et qu'un revers de fortune prive de tout secours. Le chagrin souvent les entraîne aux portes du trépas, ou des maladies qui les mettent hors d'état de se faire soigner chez elles. On les porte à l'Hôtel-Dieu, et une femme bien élevée se trouve parmi des mendiants, avec des filles de mauvaises mœurs, ou des gens du peuple de tout état : le seul nom de l'Hôtel-Dieu doit les effrayer, et lorsque leur vue fixe ce triste tableau, elles implorent la mort plutôt que les secours de cette Maison.

Il faut un hôpital pour le peuple, et en établissant une Maison de charité pour les femmes honnêtes, on déchargera l'Hôtel-Dieu déjà trop surchargé. Quel est l'édifice qu'on peut élever plus favorable à l'humanité, si ce n'est une Maison de charité pour les femmes souffrantes et bien élevées ?

Je vais retracer une conversation d'un député

des États Généraux. Son avis était qu'il n'était plus nécessaire [d'établir] de barrières. On demanda ce que l'on ferait des murailles et des superbes édifices élevés pour loger des commis.

Ils tomberont d'eux-mêmes, répondit-il. Et que fera-t-on de toutes ces pierres ? des hôpitaux bien simples, et plus salutaires à l'humanité. Que de palais pour conserver des droits qui n'en seront pas moins sacrés quand une fois chaque particulier sera instruit définitivement de ce qu'il doit à son souverain et à la conservation de sa patrie.

Je réclame donc quelques-unes de ces pierres, en faveur des femmes les plus intéressantes de la société. Ce ne sont point des appartements somptueux, des lambris dorés que les femmes bien élevées attendent de l'humanité et de la générosité de la nation ; c'est une espèce d'hôpital, auquel, sans doute, on ne donnera point de titre répugnant : mais une Maison simple dont la propreté sera tout le luxe.

Voilà ce que les femmes essentielles doivent attendre des hommes instruits et choisis par la patrie. Qui ne donnera pas sa voix pour cet établissement ? Qui s'y opposerait sans prouver qu'il est à la fois mauvais frère, fils ingrat et père dénaturé ? non sans doute, messeigneurs et messieurs, aucun de vous ne vous y opposerez, et d'une voix unanime, vous applaudirez à ce projet.

Éloignés de vos maisons, de vos filles de vos épouses, pourriez-vous méconnaître la nature et oublier tout ce que vous devez aux femmes ? non ;

elles ne peuvent que vous intéresser. Les grandes affaires qui vous occupent pourront peut-être vous empêcher de porter tout de suite votre attention sur cet établissement ; mais une fois l'État libéré et la constitution solidement établie, vous donnerez à l'humanité souffrante, à la nature, tout ce que vous devez à l'une et à l'autre.

Après avoir plaidé la cause de mon sexe, permettez-moi, messieurs, de soumettre au pied de votre tribunal quelques importantes observations qui ne sauraient vous déplaire.

Songez que vous êtes responsables du salut de la patrie, que tous vos concitoyens vous ont confié leurs plus chers intérêts ; que depuis trop longtemps la France est dans un état de dépérissement, que vous devez promptement l'étayer : les matériaux sont dans vos cœurs, mais défiez-vous, messieurs, des têtes trop exaltées, trop entreprenantes, si l'on pouvait en soupçonner parmi vous. Pour conserver vos droits, n'abaissez point l'autorité royale ; que chaque jour de vos assemblées soit un travail auguste ; que vous établissiez des lois pour imposer un silence utile, et puissiez-vous par une harmonie constante étonner le reste des Français, et puissiez-vous enfin accorder le savoir, l'instruction, le génie, avec la sagesse de nos pères ; et dans les siècles à venir, votre Assemblée sera citée chez tous les peuples comme une merveille de la nation française.

Avril 1789

Les droits de la femme

Dans une brochure adressée à la reine Marie-Antoinette, Olympe de Gouges rassemble une exhortation aux hommes, la Déclaration des droits de la femme et de la citoyenne en dix-sept articles, et des propositions concernant une nouvelle forme de contrat entre l'homme et la femme.

À la reine

Madame,

Peu faite au langage que l'on tient aux rois, je n'emploierai point l'adulation des courtisans pour vous faire hommage de cette singulière production. Mon but, madame, est de vous parler franchement ; je n'ai pas attendu, pour m'exprimer ainsi, l'époque de la liberté : je me suis montrée avec la même énergie dans un temps où l'aveuglement des despotes punissait une si noble audace.

Lorsque tout l'Empire vous accusait et vous rendait responsable de ses calamités, moi seule, dans un temps de trouble et d'orage, j'ai eu la force de prendre votre défense. Je n'ai jamais pu me persuader qu'une princesse, élevée au sein des grandeurs, eût tous les vices de la bassesse.

Oui, madame, lorsque j'ai vu le glaive levé sur vous, j'ai jeté mes observations entre ce glaive et la victime ; mais aujourd'hui que je vois qu'on observe de près la foule de mutins soudoyée, et qu'elle est retenue par la crainte des lois, je vous dirai, madame, ce que je ne vous aurais pas dit alors.

Si l'étranger porte le fer en France, vous n'êtes plus à mes yeux cette reine faussement inculpée, cette reine intéressante, mais une implacable ennemie des Français. Ah ! madame, songez que vous êtes mère et épouse ; employez tout votre crédit pour le retour des princes. Ce crédit, si sagement appliqué, raffermit la couronne du père, la conserve au fils, et vous réconcilie l'amour des Français. Cette digne négociation est le vrai devoir d'une reine. L'intrigue, la cabale, les projets sanguinaires précipiteraient votre chute, si l'on pouvait vous soupçonner capable de semblables desseins.

Qu'un plus noble emploi, madame, vous caractérise, excite votre ambition, et fixe vos regards. Il n'appartient qu'à celle que le hasard a élevée à une place éminente de donner du poids à l'essor des droits de la femme, et d'en accélérer les succès. Si vous étiez moins instruite, madame, je pourrais craindre que vos intérêts particuliers ne l'emportassent sur ceux de votre sexe. Vous aimez la gloire : songez, madame, que les plus grands crimes s'immortalisent comme les plus grandes vertus ; mais quelle différence de célébrité dans les fastes de l'histoire ! l'une est sans cesse prise pour exemple, et l'autre est éternellement l'exécration du genre humain.

On ne vous fera jamais un crime de travailler à la restauration des mœurs, à donner à votre sexe toute la consistance dont il est susceptible. Cet ouvrage n'est pas le travail d'un jour, malheureusement pour le nouveau régime. Cette révolution ne s'opérera que quand toutes les femmes seront pénétrées de leur déplorable sort, et des droits qu'elles ont perdus dans la société. Soutenez, madame, une si belle cause ; défendez ce sexe malheureux, et vous aurez bientôt pour vous une moitié du royaume, et le tiers au moins de l'autre.

Voilà, madame, voilà par quels exploits vous devez vous signaler et employer votre crédit. Croyez-moi, madame, notre vie est bien peu de chose, surtout pour une reine, quand cette vie n'est pas embellie par l'amour des peuples, et par les charmes éternels de la bienfaisance.

S'il est vrai que des Français arment contre leur Patrie toutes les puissances ; pourquoi ? pour de frivoles prérogatives, pour des chimères. Croyez, madame, si j'en juge par ce que je sens, le parti monarchique se détruira de lui-même, qu'il abandonnera tous les tyrans, et tous les cœurs se rallieront autour de la Patrie pour la défendre.

Voilà, madame, voilà quels sont mes principes. En vous parlant de ma patrie, je perds de vue le but de cette dédicace. C'est ainsi que tout bon citoyen sacrifie sa gloire, ses intérêts, quand il n'a pour objet que ceux de son pays.

Je suis avec le plus profond respect, madame, votre très humble et très obéissante servante,

LES DROITS DE LA FEMME

Homme, es-tu capable d'être juste ? C'est une femme qui t'en fait la question ; tu ne lui ôteras pas du moins ce droit. Dis-moi ? qui t'a donné le souverain empire d'opprimer mon sexe ? ta force ? tes talents ? Observe le créateur dans sa sagesse ; parcours la nature dans toute sa grandeur, dont tu sembles vouloir te rapprocher, et donne-moi, si tu l'oses, l'exemple de cet empire tyrannique*.

Remonte aux animaux, consulte les éléments, étudie les végétaux, jette enfin un coup d'œil sur toutes les modifications de la matière organisée ; et rends-toi à l'évidence quand je t'en offre les moyens ; cherche, fouille et distingue, si tu le peux, les sexes dans l'administration de la nature.

* De Paris au Pérou, du Japon jusqu'à Rome, le plus sot animal, à mon avis, c'est l'homme. (note d'Olympe de Gouges)

Partout tu les trouveras confondus, partout ils coopèrent avec un ensemble harmonieux à ce chef-d'œuvre immortel.

L'homme seul s'est fagoté un principe de cette exception. Bizarre, aveugle, boursouflé de sciences et dégénéré, dans ce siècle de lumières et de sagacité, dans l'ignorance la plus crasse, il veut commander en despote sur un sexe qui a reçu toutes les facultés intellectuelles ; il prétend jouir de la Révolution, et réclamer ses droits à l'égalité, pour ne rien dire de plus.

DÉCLARATION DES DROITS DE LA FEMME ET DE LA CITOYENNE

À décréter par l'Assemblée nationale dans ses dernières séances ou dans celle de la prochaine législature.

Préambule

Les mères, les filles, les sœurs, représentantes de la nation, demandent d'être constituées en Assemblée nationale. Considérant que l'ignorance, l'oubli ou le mépris des droits de la femme sont les seules causes des malheurs publics et de la corruption des gouvernements, [elles] ont résolu d'exposer dans une déclaration solennelle, les droits naturels, inaliénables et sacrés de la femme, afin que cette déclaration constamment présente à tous les membres du corps social, leur rappelle sans cesse leurs droits et leurs devoirs, afin que les actes du pouvoir des femmes, et ceux du pouvoir des hommes pouvant être à chaque instant comparés avec le but de toute institution politique, en soient plus respectés, afin que les réclamations des citoyennes, fondées désormais sur des principes simples et incontestables, tournent toujours au maintien de la Constitution, des bonnes mœurs, et au bonheur de tous.

En conséquence, le sexe supérieur en beauté comme en courage dans les souffrances maternelles, reconnaît et déclare, en présence et sous les auspices de l'Être suprême, les droits suivants de la femme et de la citoyenne.

Article premier.

La femme naît libre et demeure égale à l'homme en droits. Les distinctions sociales ne peuvent être fondées que sur l'utilité commune.

II

Le but de toute association politique est la conservation des droits naturels et imprescriptibles de la femme et de l'homme : ces droits sont la liberté, la propriété, la sûreté, et surtout la résistance à l'oppression.

III

Le principe de toute souveraineté réside essentiellement dans la nation, qui n'est que la réunion de la femme et de l'homme : nul corps, nul individu, ne peut exercer d'autorité qui n'en émane expressément.

IV

La liberté et la justice consistent à rendre tout ce qui appartient à autrui ; ainsi l'exercice des droits naturels de la femme n'a de bornes que la tyrannie perpétuelle que l'homme lui oppose ; ces bornes doivent être réformées par les lois de la nature et de la raison.

V

Les lois de la nature et de la raison défendent toutes actions nuisibles à la société : tout ce qui n'est pas défendu par ces lois, sages et divines, ne peut être empêché, et nul ne peut être contraint à faire ce qu'elles n'ordonnent pas.

VI

La loi doit être l'expression de la volonté générale ; toutes les citoyennes et [tous les] citoyens doivent concourir personnellement, ou par leurs représentants, à sa formation ; elle doit être la même pour tous : toutes les citoyennes et tous les citoyens, étant égaux à ses yeux, doivent être également admissibles à toutes dignités, places et emplois publics, selon leurs capacités, et sans autres distinctions que celles de leurs vertus et de leurs talents.

VII

Nulle femme n'est exceptée ; elle est accusée, arrêtée, et détenue dans les cas déterminés par la loi. Les femmes obéissent comme les hommes à cette loi rigoureuse.

VIII

La loi ne doit établir que des peines strictement et évidemment nécessaires, et nul ne peut être puni qu'en vertu d'une loi établie et promulguée antérieurement au délit et légalement appliquée aux femmes.

IX

Toute femme étant déclarée coupable, toute rigueur est exercée par la loi.

X

Nul ne doit être inquiété pour ses opinions mêmes fondamentales, la femme a le droit de monter sur l'échafaud ; elle doit avoir également celui de monter à la tribune ; pourvu que ses manifestations ne troublent pas l'ordre public établi par la loi.

XI

La libre communication des pensées et des opinions est un des droits les plus précieux de la femme, puisque cette liberté assure la légitimité des pères envers les enfants. Toute citoyenne peut donc dire librement, *je suis mère d'un enfant qui vous appartient*, sans qu'un préjugé barbare la force à dissimuler la vérité ; sauf à répondre de l'abus de cette liberté dans les cas déterminés par la loi.

XII

La garantie des droits de la femme et de la citoyenne nécessite une utilité majeure ; cette garantie doit être instituée pour l'avantage de tous, et non pour l'utilité particulière de celles à qui elle est confiée.

XIII

Pour l'entretien de la force publique, et pour les dépenses d'administration, les contributions de la femme et de l'homme sont égales ; elle a part à toutes les corvées, à toutes les tâches pénibles ; elle doit donc avoir de même part à la distribution des places, des emplois, des charges, des dignités et de l'industrie.

XIV

Les citoyennes et citoyens ont le droit de constater par eux-mêmes, ou par leurs représentants, la nécessité de la contribution publique. Les citoyennes ne peuvent y adhérer que par l'admission d'un partage égal, non seulement dans la fortune, mais encore dans l'administration publique, et de déterminer la quotité, l'assiette, le recouvrement et la durée de l'impôt.

XV

La masse des femmes, coalisée pour la contribution à celle des hommes, a le droit de demander compte, à tout agent public, de son administration.

XVI

Toute société, dans laquelle la garantie des droits n'est pas assurée, ni la séparation des pouvoirs déterminée, n'a point de Constitution ; la Constitution est nulle, si la majorité des individus qui composent la nation, n'a pas coopéré à sa rédaction.

XVII

Les propriétés sont à tous les sexes réunis ou séparés ; elles ont pour chacun un droit inviolable et sacré ; nul ne peut en être privé comme vrai patrimoine de la nature, si ce n'est lorsque la nécessité publique, légalement constatée, l'exige évidemment, et sous la condition d'une juste et préalable indemnité.

Postambule

Femme, réveille-toi ; le tocsin de la raison se fait entendre dans tout l'univers ; reconnais tes droits. Le puissant empire de la nature n'est plus environné de préjugés, de fanatisme, de superstition et de mensonges. Le flambeau de la vérité a dissipé tous les nuages de la sottise et de l'usurpation. L'homme esclave a multiplié ses forces, a eu besoin de recourir aux tiennes pour briser ses fers. Devenu libre, il est devenu injuste envers sa compagne. Ô femmes ! femmes, quand cesserez-vous d'être aveugles ? Quels sont les avantages que vous avez recueillis dans la Révolution ? Un mépris plus marqué, un dédain plus signalé. Dans les siècles de corruption vous n'avez régné que sur la faiblesse des hommes. Votre empire est détruit ; que vous reste-t-il donc ? la conviction des injustices de l'homme. La réclamation de votre patrimoine, fondée sur les sages décrets de la nature ; qu'auriez-vous à redouter pour une si belle entreprise ? le bon mot du législateur des noces de Cana ? Craignez-vous que nos législateurs français, correcteurs de cette morale, longtemps accrochée aux branches de la politique, mais qui n'est plus de saison, ne vous répètent : femmes, qu'y a-t-il de commun entre vous et nous ? Tout, auriez-vous à répondre. S'ils s'obstinaient, dans leur faiblesse, à mettre cette inconséquence en contradiction avec leurs principes ; opposez courageusement la force de la raison aux vaines prétentions de supériorité ; réunissez-vous sous les étendards de la philosophie ; déployez toute l'énergie de votre caractère, et vous verrez bientôt ces orgueilleux, nos serviles adorateurs rampants à vos pieds, mais fiers de partager avec vous les trésors de l'Être Suprême. Quelles que soient les barrières que l'on vous oppose, il est en votre pouvoir de les affranchir ; vous n'avez qu'à le vouloir. Passons maintenant à l'effroyable tableau de ce que vous avez été dans la société ; et puisqu'il est question, en ce moment, d'une éducation nationale, voyons si nos sages législateurs penseront sainement sur l'éducation des femmes.

Les femmes ont fait plus de mal que de bien. La contrainte et la dissimulation ont été leur partage. Ce que la force leur avait ravi, la ruse leur a rendu ; elles ont eu recours à toutes les ressources de leurs charmes, et le plus irréprochable ne leur résistait pas. Le poison, le fer, tout leur était soumis ; elles commandaient au crime comme à la vertu. Le gouvernement français, surtout, a dépendu, pendant des siècles, de l'administration nocturne des femmes ; le cabinet n'avait point de secret pour leur indiscrétion ; ambassade, commandement, ministère, présidence, pontificat*, cardinalat ; enfin tout ce qui caractérise la sottise des hommes, profane et

* M. de Bernis, de la façon de Mme de Pompadour.

sacrée, tout a été soumis à la cupidité et à l'ambition de ce sexe autrefois méprisable et respecté, et depuis la Révolution, respectable et méprisé.

Dans cette sorte d'antithèse, que de remarques n'ai-je point à offrir ! je n'ai qu'un moment pour les faire, mais ce moment fixera l'attention de la postérité la plus reculée. Sous l'Ancien Régime, tout était vicieux, tout était coupable ; mais ne pourrait-on pas apercevoir l'amélioration des choses dans la substance même des vices ? Une femme n'avait besoin que d'être belle ou aimable ; quand elle possédait ces deux avantages, elle voyait cent fortunes à ses pieds. Si elle n'en profitait pas, elle avait un caractère bizarre, ou une philosophie peu commune, qui la portait aux mépris des richesses ; alors elle n'était plus considérée que comme une mauvaise tête ; la plus indécente se faisait respecter avec de l'or ; le commerce des femmes était une espèce d'industrie reçue dans la première classe, qui, désormais, n'aura plus de crédit. S'il en avait encore, la Révolution serait perdue, et sous de nouveaux rapports, nous serions toujours corrompus ; cependant la raison peut-elle se dissimuler que tout autre chemin à la fortune est fermé à la femme que l'homme achète, comme l'esclave sur les côtes d'Afrique ? La différence est grande ; on le sait. L'esclave commande au maître ; mais si le maître lui donne la liberté sans récompense, et à un âge où l'esclave a perdu tous ses charmes, que devient cette infortunée ? Le jouet du mépris ;

les portes mêmes de la bienfaisance lui sont fermées ; elle est pauvre et vieille, dit-on ; pourquoi n'a-t-elle pas su faire fortune ? D'autres exemples encore plus touchants s'offrent à la raison. Une jeune personne sans expérience, séduite par un homme qu'elle aime, abandonnera ses parents pour le suivre ; l'ingrat la laissera après quelques années, et plus elle aura vieilli avec lui, plus son inconstance sera inhumaine ; si elle a des enfants, il l'abandonnera de même. S'il est riche, il se croira dispensé de partager sa fortune avec ses nobles victimes. Si quelque engagement le lie à ses devoirs, il en violera la puissance en espérant tout des lois. S'il est marié, tout autre engagement perd ses droits. Quelles lois reste-t-il donc à faire pour extirper le vice jusque dans la racine ? Celle du partage des fortunes entre les hommes et les femmes, et de l'administration publique. On conçoit aisément que celle qui est née d'une famille riche gagne beaucoup avec l'égalité des partages. Mais celle qui est née d'une famille pauvre, avec du mérite et des vertus, quel est son lot ? La pauvreté et l'opprobre. Si elle n'excelle pas précisément en musique ou en peinture, elle ne peut être admise à aucune fonction publique, quand elle en aurait toute la capacité. Je ne veux donner qu'un aperçu des choses, je les approfondirai dans la nouvelle édition de tous mes ouvrages politiques que je me propose de donner au public dans quelques jours, avec des notes.

Je reprends mon texte quant aux mœurs. Le mariage est le tombeau de la confiance et de l'amour. La femme mariée peut impunément donner des bâtards à son mari, et la fortune qui ne leur appartient pas. Celle qui ne l'est pas, n'a qu'un faible droit : les lois anciennes et inhumaines lui refusaient ce droit sur le nom et sur le bien de leur père, pour ses enfants, et l'on n'a pas fait de nouvelles lois sur cette matière. Si tenter de donner à mon sexe une consistance honorable et juste, est considéré dans ce moment comme un paradoxe de ma part, et comme tenter l'impossible, je laisse aux hommes à venir la gloire de traiter cette matière ; mais, en attendant, on peut la préparer par l'éducation nationale, par la restauration des mœurs et par les conventions conjugales.

FORME DU CONTRAT SOCIAL DE L'HOMME ET DE LA FEMME

Nous N et N, mus par notre propre volonté, nous unissons pour le terme de notre vie, et pour la durée de nos penchants mutuels, aux conditions suivantes : Nous entendons et voulons mettre nos fortunes en communauté, en nous réservant cependant le droit de les séparer en faveur de nos enfants, et de ceux que nous pourrions avoir d'une inclination particulière, reconnaissant mutuellement que notre bien appartient directement à nos enfants, de quelque lit qu'ils sortent, et que tous indistinctement ont le droit de porter le nom des pères et mères qui les ont avoués, et nous imposons de souscrire à la loi qui punit l'abnégation de son propre sang. Nous nous obligeons également, en cas de séparation, de faire le partage de notre fortune, et de prélever la portion de nos enfants indiquée par la loi ; et, au cas d'union parfaite, celui qui viendrait à mourir, se désisterait de la moitié de ses propriétés en faveur de ses enfants ; et si l'un mourrait sans enfants, le survivant hériterait de droit, à moins que le mourant n'ait disposé de la moitié du bien commun en faveur de qui il jugerait à propos.

Voilà à peu près la formule de l'acte conjugal dont je propose l'exécution. À la lecture de ce bizarre écrit, je vois s'élever contre moi les tartufes, les bégueules, le clergé et toute la séquelle infernale. Mais combien il offrira aux sages de moyens moraux pour arriver à la perfectibilité d'un gouvernement heureux ! j'en vais donner en peu de mots la preuve physique. Le riche épicurien sans enfants trouve fort bon d'aller chez son voisin pauvre augmenter sa famille. Lorsqu'il y aura une loi qui autorisera la femme du pauvre à faire adopter au riche ses enfants, les liens de la société seront plus resserrés, et les mœurs plus épurées. Cette loi conservera peut-être le bien de la communauté, et retiendra le désordre qui conduit tant de victimes dans les hospices de l'opprobre, de la bassesse et de la dégénération des principes humains, où, depuis longtemps, gémit la nature. Que les détracteurs de la saine philosophie cessent donc de se récrier contre les mœurs primitives, ou qu'ils aillent se perdre dans la source de leurs citations*.

Je voudrais encore une loi qui avantageât les veuves et les demoiselles trompées par les fausses promesses d'un homme à qui elles se seraient attachées ; je voudrais, dis-je, que cette loi forçât un inconstant à tenir ses engagements, ou à une indemnité proportionnée à sa fortune. Je voudrais encore que cette loi fût rigoureuse contre les femmes, du moins pour celles qui auraient le front de recourir à une loi qu'elles auraient elles-mêmes enfreinte par leur inconduite, si la preuve en était faite. Je voudrais, en même temps, comme je l'ai exposée dans *Le Bonheur primitif de l'Homme*, en 1788, que les filles publiques fussent placées dans des quartiers désignés. Ce ne sont pas les femmes publiques qui contribuent le plus à la dépravation des mœurs, ce sont les femmes de la société. En restaurant les dernières, on modifie les premières. Cette chaîne d'union fraternelle offrira d'abord le désordre, mais par les suites, elle produira à la fin un ensemble parfait.

J'offre un moyen invincible pour élever l'âme

* Abraham eut des enfants très légitimes d'Agar, servante de sa femme.

des femmes ; c'est de les joindre à tous les exercices de l'homme : si l'homme s'obstine à trouver ce moyen impraticable, qu'il partage sa fortune avec la femme, non à son caprice, mais par la sagesse des lois. Le préjugé tombe, les mœurs s'épurent, et la nature reprend tous ses droits. Ajoutez-y le mariage des prêtres ; le roi, raffermi sur son trône, et le gouvernement français ne saurait plus périr.

Il était bien nécessaire que je dise quelques mots sur les troubles que cause, dit-on, le décret en faveur des hommes de couleur, dans nos îles. C'est là où la nature frémit d'horreur ; c'est là où la raison et l'humanité, n'ont pas encore touché les âmes endurcies ; c'est là surtout où la division et la discorde agitent leurs habitants. Il n'est pas difficile de deviner les instigateurs de ces fermentations incendiaires : il y en a dans le sein même de l'Assemblée nationale : ils allument en Europe le feu qui doit embraser l'Amérique. Les colons prétendent régner en despotes sur des hommes dont ils sont les pères et les frères ; et méconnaissant les droits de la nature, ils en poursuivent la source jusque dans la plus petite teinte de leur sang. Ces colons inhumains disent : notre sang circule dans leurs veines, mais nous le répandrons tout [entier], s'il le faut, pour assouvir notre cupidité, ou notre aveugle ambition. C'est dans ces lieux les plus près de la nature, que le père méconnaît le fils ; sourd aux cris du sang, il en étouffe tous les charmes ; que peut-on espérer de la résistance qu'on lui oppose ?

la contraindre avec violence, c'est la rendre terrible, la laisser encore dans les fers, c'est acheminer toutes les calamités vers l'Amérique. Une main divine semble répandre partout l'apanage de l'homme, *la liberté* ; la loi seule a le droit de réprimer cette liberté, si elle dégénère en licence ; mais elle doit être égale pour tous, c'est elle surtout qui doit renfermer l'Assemblée nationale dans son décret, dicté par la prudence et par la justice. Puisse-t-elle agir de même pour l'État de la France, et se rendre aussi attentive sur les nouveaux abus, comme elle l'a été sur les anciens qui deviennent chaque jour plus effroyables ! Mon opinion serait encore de raccommoder le pouvoir exécutif avec le pouvoir législatif, car il me semble que l'un est tout, et que l'autre n'est rien ; d'où naîtra, malheureusement peut-être, la perte de l'Empire français. Je considère ces deux pouvoirs, comme l'homme et la femme* qui doivent être unis, mais égaux en force et en vertu, pour faire un bon ménage.

Il est donc vrai que nul individu ne peut échapper à son sort ; j'en fais l'expérience aujourd'hui. J'avais résolu et décidé de ne pas me permettre le plus petit mot pour rire dans cette production, mais le sort en a décidé autrement. Voici le fait.

* Dans *Le souper magique* de M. de Merville, Ninon demande quelle est la maîtresse de Louis XVI. On lui répond, c'est la nation, cette maîtresse corrompra le gouvernement si elle prend trop d'empire.

L'économie n'est point défendue, surtout dans ce temps de misère. J'habite la campagne. Ce matin à huit heures je suis partie d'Auteuil, et me suis acheminée vers la route qui conduit de Paris à Versailles, où l'on trouve souvent ces fameuses guinguettes qui ramassent les passants à peu de frais. Sans doute une mauvaise étoile me poursuivait dès le matin. J'arrive à la barrière où je ne trouve pas même le triste sapin aristocrate. Je me repose sur les marches de cet édifice insolent qui recelait des commis. Neuf heures sonnent, et je continue mon chemin : une voiture s'offre à mes regards, j'y prends place, et j'arrive à neuf heures un quart, à deux montres différentes, au Pont-Royal. J'y prends le sapin, et je vole chez mon imprimeur, rue Christine, car je ne peux aller que là si matin : en corrigeant mes épreuves, il me reste toujours quelque chose à faire, si les pages ne sont pas bien serrées et remplies. Je reste à peu près vingt minutes ; et fatiguée de marche, de composition et d'impression, je me propose d'aller prendre un bain dans le quartier du Temple, où j'allais dîner. J'arrive à onze heures moins un quart à la pendule du bain ; je devais donc au cocher une heure et demie ; mais, pour ne pas avoir de dispute avec lui, je lui offre 48 sols : il exige plus, comme d'ordinaire, il fait du bruit. Je m'obstine à ne vouloir plus lui donner que son dû, car l'être équitable aime mieux être généreux que dupe. Je le menace de la loi, il me dit qu'il s'en moque, et que je lui payerai deux heures. Nous arrivons chez un commissaire de paix, que j'ai la générosité de ne pas nommer, quoique l'acte d'autorité qu'il s'est permis envers moi mérite une dénonciation formelle. Il ignorait sans doute que la femme qui réclamait sa justice était la femme auteur de tant de bienfaisance et d'équité. Sans avoir égard à mes raisons, il me condamne impitoyablement à payer au cocher ce qu'il demandait. Connaissant mieux la loi que lui, je lui dis : *Monsieur, je m'y refuse, et je vous prie de faire attention que vous n'êtes pas dans le principe de votre charge.* Alors cet homme, ou, pour mieux dire, ce forcené s'emporte, me menace de la Force si je ne paye à l'instant, ou de rester toute la journée dans son bureau. Je lui demande de me faire conduire au tribunal de département ou à la mairie, ayant à me plaindre de son coup d'autorité. Le grave magistrat, en redingote poudreuse et dégoûtante comme sa conversation, m'a dit plaisamment : *Cette affaire ira sans doute à l'Assemblée nationale ? Cela se pourrait bien*, lui dis-je ; et je m'en fus moitié furieuse et moitié riant du jugement de ce moderne Bride-Oison, en disant : *c'est donc là l'espèce d'homme qui doit juger un peuple éclairé !* On ne voit que cela. Semblables aventures arrivent indistinctement aux bons patriotes, comme aux mauvais. Il n'y a qu'un cri sur les désordres des sections et des tribunaux. La justice ne se rend pas ; la loi est méconnue, et la police se fait, Dieu sait comment. On ne peut plus retrouver les cochers à qui l'on confie des effets ; ils changent les numéros à leur fantaisie, et plusieurs personnes, ainsi que moi, ont fait des pertes considérables dans les voitures. Sous l'ancien régime, quel que fût son brigandage, on trouvait la trace de ses pertes, en faisant un appel nominal des cochers, et par l'inspection exacte des numéros ; enfin on était en sûreté. Que font ces juges de paix ? que font ces commissaires, ces inspecteurs du nouveau régime ? Rien que des sottises et des monopoles. L'Assemblée nationale doit fixer toute son attention sur cette partie qui embrasse l'ordre social.

14 septembre 1791

Le bon sens du Français

Dans cette affiche, Olympe de Gouges appelle ses compatriotes à reconnaître le bien-fondé de l'égalité entre les deux sexes et à exiger un décret qui en prenne acte.

Voulez-vous anéantir l'orgueil, ou voulez-vous le nourrir ?

Voulez-vous accoutumer les hommes à respecter la justice naturelle, ou à la violer ?

Voulez-vous établir l'amour et la concorde dans les familles, ou y faire régner la crainte et la défiance ?

Voulez-vous faire éclore de bonnes mœurs, ou voulez-vous entretenir la corruption ?

Voulez-vous, en un mot, créer le bien, ou propager le mal, faire naître le bonheur, ou voir durer le malheur de la génération présente ?

Si c'est le bien que vous voulez, hâtez-vous donc. Avant que vous fussiez nos représentants, la nation invoquait une loi. Elle l'avait articulée, il fallait régler, d'après la Constitution et sur son plan, le premier contrat, le plus important des contrats qui lient la race humaine.

Un seul décret explicatif suffit pour abattre à la fois la cupidité, l'égoïsme, l'arrogance, et pour enraciner l'égalité, la liberté, la douce sécurité, l'équité dans nos asiles.

On vous égare, ô législateurs ! on suspend dans vos esprits ce qui ne peut se différer sans crime ; car la justice et l'humanité sont violées chaque jour.

N'écoutez point les objections de l'Église et celles de la jurisprudence.

Le peuple laisse derrière lui ses préjugés ; il a pour flambeau la Constitution et la philosophie ; il vous demande un décret, un seul décret qui réduise en poudre les honteux vestiges de nos vieilles coutumes, et qui arrête les légistes, et les empêche d'opposer la barbarie des vieilles lois à la simplicité majestueuse de l'acte constitutionnel ; un décret qui fasse comprendre que l'égalité est entre les époux et les épouses, comme entre tous les individus Français ; qui assure à chacun sa propriété, et leur permette de se désunir sous l'inspection des tribunaux de famille, chargés de juger suivant les lumières de la raison, de la seule raison, et de veiller aux intérêts des enfants et aux arrangements de fortune.

Hâtez-vous de faire respecter à nos tribunaux ce que le peuple respecte. Prononcez enfin l'anathème contre toute féodalité, contre toute usurpation de propriété, contre toute espèce de servage ; alors et bientôt s'élèverait du sein de la liberté, de l'égalité, une race d'hommes juste, fière et partout invincible.

17 février 1792

Une pièce contre l'esclavage
*[*Zamore et Mirza
ou l'Heureux Naufrage, *1788]*

Sur « l'espèce d'hommes nègres »

Olympe de Gouges rappelle dans quelles circonstances elle s'est intéressée au sort des Noirs et justifie l'intérêt de traiter d'un tel sujet au théâtre.

L'espèce d'hommes nègres m'a toujours intéressée à son déplorable sort. À peine mes connaissances commençaient à se développer, et dans un âge où les enfants ne pensent pas, que l'aspect d'une Négresse que je vis pour la première fois, me porta à réfléchir, et à faire des questions sur sa couleur.

Ceux que je pus interroger alors ne satisfirent point ma curiosité et mon raisonnement. Ils traitaient ces gens-là de brutes, d'êtres que le Ciel avait maudits ; mais, en avançant en âge, je vis clairement que c'était la force et le préjugé qui les avaient condamnés à cet horrible esclavage, que la nature n'y avait aucune part, et que l'injuste et puissant intérêt des Blancs avait tout fait.

Pénétrée depuis longtemps de cette vérité et de

leur affreuse situation, je traitai leur histoire dans le premier sujet dramatique qui sortit de mon imagination. Plusieurs hommes se sont occupés de leur sort ; ils ont travaillé à l'adoucir ; mais aucun n'a songé à les présenter sur la scène avec le costume et la couleur, tel que je l'avais essayé, si la Comédie-Française ne s'y était point opposée.

Mirza avait conservé son langage naturel, et rien n'était plus tendre. Il me semble qu'il ajoutait à l'intérêt de ce drame, et c'était bien de l'avis de tous les connaisseurs, excepté les comédiens. Ne nous occupons plus de ma pièce, telle qu'elle a été reçue. Je la présente au public.

Revenons à l'effroyable sort des Nègres ; quand s'occupera-t-on de le changer, ou du moins de l'adoucir ? Je ne connais rien à la politique des gouvernements ; mais ils sont justes, et jamais la loi naturelle ne s'y fit mieux sentir. Ils portent un œil favorable sur tous les premiers abus. L'homme partout est égal. Les rois justes ne veulent point d'esclaves ; ils savent qu'ils ont des sujets soumis, et la France n'abandonnera pas des malheureux qui souffrent mille trépas pour un, depuis que l'intérêt et l'ambition ont été habiter les îles les plus inconnues. Les Européens avides de sang et de ce métal que la cupidité a nommé de l'or, ont fait changer la nature dans ces climats heureux. Le père a méconnu son enfant, le fils a sacrifié son père, les frères se sont combattus, et les vaincus ont été vendus comme des bœufs au marché.

Que dis-je ? c'est devenu un commerce dans les quatre parties du monde.

Un commerce d'hommes !... grand Dieu ! et la nature ne frémit pas ! S'ils sont des animaux, ne le sommes-nous pas comme eux ? et en quoi les Blancs diffèrent-ils de cette espèce ? C'est dans la couleur... Pourquoi la blonde fade ne veut-elle pas avoir la préférence sur la brune qui tient du mulâtre ? Cette tentation est aussi frappante que du Nègre au mulâtre. La couleur de l'homme est nuancée, comme dans tous les animaux que la nature a produits, ainsi que les plantes et les minéraux. Pourquoi le jour ne le dispute-t-il pas à la nuit, le soleil à la lune, et les étoiles au firmament ? Tout est varié, et c'est là la beauté de la nature. Pourquoi donc détruire son ouvrage ?

L'homme n'est-il pas son plus beau chef-d'œuvre ? L'Ottoman fait bien des Blancs ce que nous faisons des Nègres : nous ne le traitons cependant pas de barbare et d'homme inhumain, et nous exerçons la même cruauté sur des hommes qui n'ont d'autre résistance que leur soumission.

Mais quand cette soumission s'est une fois lassée, que produit le despotisme barbare des habitants des Îles et des Indes ? Des révoltes de toute espèce, des carnages que la puissance des troupes ne fait qu'augmenter, des empoisonnements, et tout ce que l'homme peut faire quand une fois il est révolté. N'est-il pas atroce aux Européens, qui ont acquis par leur industrie des habitations considérables, de faire rouer de coups du matin au soir ces infortunés qui n'en cultiveraient pas moins leurs champs fertiles, s'ils avaient plus de liberté et de douceur ?

Leur sort n'est-il pas des plus cruels, leurs travaux assez pénibles, sans qu'on exerce sur eux, pour la plus petite faute, les plus horribles châtiments ? On parle de changer leur sort, de proposer les moyens de l'adoucir, sans craindre que cette espèce d'hommes fasse un mauvais usage d'une liberté entière et subordonnée.

Je n'entends rien à la politique. On augure qu'une liberté générale rendrait les hommes nègres aussi essentiels que les Blancs ; qu'après les avoir laissés maîtres de leur sort, ils le soient de leurs volontés ; qu'ils puissent élever leurs enfants auprès d'eux. Ils seront plus exacts aux travaux, et plus zélés. L'esprit de parti ne les tourmentera plus, le droit de se lever comme les autres hommes les rendra plus sages et plus humains. Il n'y aura plus à craindre de conspirations funestes. Ils seront les cultivateurs libres de leurs contrées, comme les laboureurs en Europe. Ils ne quitteront point leurs champs pour aller chez les nations étrangères.

La liberté des Nègres fera quelques déserteurs, mais beaucoup moins que les habitants des campagnes françaises. À peine les jeunes villageois ont obtenu l'âge, la force et le courage, qu'ils s'acheminent vers la capitale pour y prendre le noble emploi de laquais ou de crocheteur. Il y a cent serviteurs pour une place, tandis que nos champs manquent de cultivateurs.

Cette liberté multiplie un nombre infini d'oisifs, de malheureux, enfin de mauvais sujets de toute espèce. Qu'on mette une limite sage et salutaire à chaque peuple, c'est l'art des souverains, et des États républicains.

Mes connaissances naturelles pourraient me faire trouver un moyen sûr : mais je me garderai bien de le présenter. Il me faudrait être plus instruite et plus éclairée sur la politique des gouvernements. Je l'ai dit, je ne sais rien, et c'est au hasard que je soumets mes observations bonnes ou mauvaises. Le sort de ces infortunés doit m'intéresser plus que personne, puisque voilà la cinquième année que j'ai conçu un sujet dramatique, d'après leur déplorable histoire.

Je n'ai qu'un conseil à donner aux Comédiens-Français, et c'est la seule grâce que je leur demanderai de ma vie : c'est d'adopter la couleur et le costume nègres. Jamais occasion ne fut plus favorable, et j'espère que la représentation de ce drame produira l'effet qu'on en doit attendre en faveur de ces victimes de l'ambition.

Le costume ajoute de moitié à l'intérêt de cette pièce. Elle émouvra la plume et le cœur de nos meilleurs écrivains. Mon but sera rempli, mon ambition satisfaite, et la comédie s'élèvera au lieu de s'avilir, par la couleur.

Mon bonheur sans doute serait trop grand, si

je voyais la représentation de ma pièce, comme je la désire. Cette faible esquisse demanderait un tableau touchant pour la postérité. Les peintres qui auraient l'ambition d'y exercer leurs pinceaux pourraient être considérés comme les fondateurs de l'humanité la plus sage et la plus utile, et je suis sûre d'avance que leur opinion soutiendra la faiblesse de ce drame, en faveur du sujet.

Jouez donc ma pièce, mesdames et messieurs, elle a attendu assez longtemps son tour. La voilà imprimée, vous l'avez voulu ; mais toutes les nations avec moi vous en demandent la représentation, persuadée qu'elles ne me démentiront pas. Cette sensibilité qui ressemblerait à l'amour propre chez tout autre que chez moi, n'est que l'effet que produisent sur mon cœur toutes les clameurs publiques en faveur des hommes nègres. Tout lecteur qui m'a bien appréciée sera convaincu de cette vérité.

Enfin passez-moi ces derniers avis, ils me coûtent cher, et je crois à ce prix pouvoir les donner. Adieu, mesdames et messieurs ; après mes observations, jouez ma pièce comme vous le jugerez à propos, je ne serai point aux répétitions. J'abandonne à mon fils tous mes droits ; puisse-t-il en faire un bon usage, et se préserver de devenir auteur pour la Comédie-Française. S'il me croit, il ne griffonnera jamais de papier en littérature.

Février 1788

Réponse au champion américain ou colon très avisé à connaître

Dans une lettre ouverte adressée à un colon fictif s'opposant à la représentation de sa pièce, Olympe de Gouges en défend le sujet et réfute l'idée d'avoir appelé les esclaves à la violence.

Depuis qu'on ne se bat plus en France, monsieur, je conviens avec vous qu'on s'y assassine quelquefois ; qu'il est imprudent de provoquer les assassins ; mais il est encore plus indiscret, plus indécent, et plus injuste, d'attaquer les gens d'honneur, de les attaquer de la manière la plus inepte, et cependant la plus calomnieuse, en imputant un manque de courage à M. de La Fayette que vous craignez, peut-être, au fond du cœur. Je vous dirai que je ne connais point ce héros magnanime comme vous le prétendez. Je sais seulement que sa réputation est intacte, sa valeur connue, son cœur, comme celui de Bayard, sans peur, sans reproches ; à qui nous devrons peut-être le bonheur de la France et le pouvoir de la nation. Je n'entreprendrai point de justifier les hommes célèbres que vous provoquez ; ils sont tous militaires et Français, et ce titre me suffit pour les croire braves.

Mais, si je vous imite, monsieur, par cette espèce de défi, je m'écarte un peu trop de mon but en tombant dans l'erreur grossière que vous avez commise à mon égard. Ce n'est pas la cause des philosophes, des Amis des Noirs, que j'entreprends de défendre ; c'est la mienne propre, et vous voudrez bien me permettre de me servir des seules armes qui sont en mon pouvoir. Nous allons donc guerroyer, et ce combat singulier, grâce à ma *jeanlorgnerie*, ne sera pas meurtrier. Vous m'accordez cependant des vertus et du courage au-dessus de mon sexe. Je pourrais en convenir sans trop d'orgueil : mais vous ne me prêtez pas moins gratuitement l'ambition de consulter sur la langue et sur mes faibles productions les académiciens, les savants gens de lettres, et tout le sacré vallon qui protège plus d'un sot, et dont je fais fort peu de cas, excepté les écrivains qui ont honoré les talents par l'honneur et la probité. Le mérite littéraire est bien peu de chose quand il est dénué de ces deux avantages : mais passons à ce qu'il m'est important de vous apprendre, et que vous ignorez parfaitement.

Vous prétendez, monsieur, que les Amis des Noirs se sont servis d'une femme pour provoquer les colons. Certes il est bien plus extraordinaire qu'un homme qui annonce quelqu'esprit, de la facilité et même de la bravoure, charge une femme d'être le porteur d'un cartel, et veuille, par une entremise aussi singulière que poltronne, faire ses preuves de courage. Je ne puis donc apprécier votre valeur que comme une espèce de don quichotade, et vous considérer comme un pourfendeur de géants et de fantômes qui n'existent pas. Je veux cependant, en vous ramenant à la raison, rire avec vous des maux où je ne vois point de remède. Vous avez à combattre la Société des Amis des Noirs, et moi, j'en ai à confondre une bien plus terrible, c'est celle de… Le temps qui détruit tout, qui change à son gré les arts, les mœurs et la justice des hommes, ne changera jamais l'esprit du corps de ceux de qui j'ai si fortement à me plaindre.

On a vu tomber en France, depuis quelques mois, le voile de l'erreur, de l'imposture, de l'injustice, et enfin les murs de la Bastille ; mais on n'a pas vu encore tomber le despotisme que j'attaque. Je me vois donc réduite à essayer de l'abattre. C'est un arbre au milieu d'un labyrinthe touffu, hérissé de ronces et d'épines : pour émonder ses branches, il faudrait toute la magie de Médée. La conquête de la toison d'or coûta moins de soins et d'adresse à Jason que ne vont me coûter de tourments et de pièges à éviter ces branches empoisonnées qui font du tort à l'arbre célèbre et au génie de l'homme. Pour les détruire, il faut terrasser vingt dragons dangereux qui, tantôt se transformant en citoyens zélés, tantôt en serpents flexibles, se glissent partout, et sèment leur venin sur mes ouvrages et ma personne.

Mais, à mon tour, ne dois-je pas, monsieur, avec plus de raison vous soupçonner de vous être mis vous-même « honorablement » en avant pour cette faction rampante qui s'est élevée contre *L'Esclavage des Nègres* ? Qu'imputez-vous à cet ouvrage ? qu'imputez-vous à l'auteur ? Est-ce d'avoir cherché à faire égorger en Amérique les colons, et d'avoir été l'agent d'hommes que je connais moins que vous, qui peut-être n'estiment pas toutes mes productions depuis que j'ai montré que l'abus de la liberté avait produit beaucoup de mal ? Vous me connaissez bien peu. J'étais l'apôtre d'une douce liberté dans le temps même du despotisme. Mais véritable Française, j'idolâtre ma patrie : j'ai tout sacrifié pour elle ; je chéris au même degré mon roi, et je donnerais mon sang pour lui rendre tout ce que ses vertus et sa tendresse paternelle méritent. Je ne sacrifierais ni mon roi à ma patrie, ni ma patrie à mon roi, mais je me sacrifierais pour les sauver ensemble, bien persuadée que l'un ne peut exister sans l'autre. On connaît l'homme, dit-on, par ses écrits. Lisez-moi, Monsieur, depuis ma *Lettre au peuple* jusqu'à ma *Lettre à la nation*, et vous y reconnaîtrez, j'ose me flatter, un cœur et un esprit véritablement français. Les partis extrêmes ont toujours craint et détesté mes productions. Ces deux partis, divisés par des intérêts opposés, sont toujours démasqués dans mes écrits. Mes maximes invariables, mes sentiments incorruptibles, voilà mes principes. Royaliste et véritable patriote, à la vie à la mort, je me montre telle que je suis.

Puisque j'ai le courage de signer cet écrit, montrez-vous de même, et vous obtiendrez mon estime qui n'est pas peut-être indifférente pour un galant homme ; car je l'accorde aussi difficilement que Jean-Jacques. Je puis m'élever jusqu'à ce grand homme par la juste défiance qu'il eut des hommes : j'en ai peu rencontré de justes et de véritablement estimables. Ce n'est pas de légers défauts que je leur reproche ; mais leurs vices, leur fausseté et leur inhumanité exercées sans remords sur les plus faibles. Puisse cette révolution régénérer l'esprit et la conscience des hommes, et reproduire le véritable caractère français ! Deux mots encore, je vous prie.

Je ne suis point instruite comme il vous a plu de m'en accorder la gloire. Peut-être un jour mon ignorance attachera quelque célébrité à ma mémoire. Je ne sais rien, monsieur ; rien, vous dis-je, et l'on ne m'a rien appris. Élève de la simple nature, abandonnée à ses seuls soins, elle m'a donc bien éclairée, puisque vous me croyez parfaitement instruite. Sans connaître l'histoire de l'Amérique, cette odieuse traite des Nègres a toujours soulevé mon âme, excité mon indignation. Les premières idées dramatiques que j'ai déposées sur le papier, furent en faveur de cette espèce d'hommes tyrannisés avec cruauté depuis tant de siècles. Cette faible production se ressent peut-être un peu trop d'un début dans la carrière dramatique. Nos grands hommes mêmes n'ont pas tous commencé comme ils ont fini, et un essai mérite toujours quelque indulgence. Je puis donc vous attester, monsieur, que les Amis des Noirs n'existaient pas quand j'ai conçu ce sujet, et vous deviez plutôt présumer, si la prévention ne vous eût pas aveuglé, que c'est peut-être d'après mon drame que cette société s'est formée, ou que j'ai eu l'heureux mérite de me rencontrer noblement avec elle. Puisse-t-il en former une plus générale, et l'entraîner plus souvent à sa représentation ! Je n'ai point voulu enchaîner l'opinion du public à mon patriotisme : j'ai attendu avec patience son heureux retour en faveur de ce drame. Avec quelle satisfaction je me suis entendu dire de toute part, que les changements que j'avais faits répandaient sur cette pièce un grand intérêt qui ne pourra que s'augmenter, quand le public va être instruit que, depuis quatre mois, j'ai dédié cet ouvrage à la nation, et que j'en ai consacré le produit à la Caisse patriotique ; établissement dont j'ai présenté le projet dans ma *Lettre au peuple*, publiée depuis dix-huit mois ! Cette priorité m'autorise peut-être, sans vanité, à m'en regarder comme l'auteur. Cette brochure fit beaucoup de bruit dans le temps, fut de même critiquée, et le projet qu'elle offrait n'a pas été moins réalisé avec succès. Je devais vous instruire, ainsi que le public, de ces faits qui caractérisent l'amour que j'ai pour le véritable caractère français, et les efforts que je fais pour sa conservation.

Je ne doute pas que la comédie, touchée de ces actes de zèle, ne conspire à donner des jours favorables* à la représentation de ce drame, auquel je ne puis me dissimuler qu'elle s'intéresse infiniment. Elle m'en a donné des preuves que je ne puis révoquer en doute. L'auteur, la comédie et le public contribueront ensemble, en multipliant leurs plaisirs, à grossir les fonds de la Caisse patriotique qui peut seule sauver l'état, si tous les citoyens reconnaissent cette vérité.

Je dois encore observer que dans ces représentations patriotiques, plusieurs personnes ont payé souvent au-dessus de leurs places. Si celle-ci produit la même disposition de cœur, il faudra distinguer les profits de la Caisse patriotique des droits de la Comédie. Une liste exacte, remise à la nation de la part des comédiens, donnera la preuve de l'ordre et du zèle de ces nouveaux citoyens.

* Chacun sait que lorsque les comédiens ne prennent pas à un auteur tout l'intérêt possible, ils ne lui accordent pour la représentation de son ouvrage, que les mauvais jours, c'est-à-dire, les mardis, jeudis et vendredis, et encore ne représentent-ils le plus souvent qu'avec des pièces usées, et peu susceptibles d'attirer le concours et l'affluence.

J'espère, monsieur, et j'ose m'en flatter, que d'après les éclaircissements que je vous donne sur *L'Esclavage des Nègres*, vous ne le poursuivrez plus, et que vous deviendrez au contraire le zélé protecteur de ce drame ; en le faisant même représenter en Amérique, il ramènera toujours les hommes noirs à leurs devoirs, en attendant des colons et de la nation française l'abolition de la traite, et un sort plus heureux. Voilà les dispositions que j'ai montrées dans cet ouvrage. Je n'ai point prétendu, d'après les circonstances, en faire un flambeau de discorde, un signal d'insurrection ; j'en ai, au contraire, depuis, adouci l'effet. Pour peu que vous doutiez de cette assertion, lisez, je vous prie, *L'Heureux naufrage* imprimé depuis trois ans ; et si j'ai fait quelque allusion à des hommes chers à la France, ces allusions ne sont point nuisibles à l'Amérique. C'est ce dont vous serez convaincu à la représentation de cette pièce, si vous voulez me faire l'honneur d'y venir. C'est dans ce doux espoir que je vous prie de me croire, Monsieur, malgré notre petite discussion littéraire, suivant le protocole vécu, votre très humble servante.

18 janvier 1790

En haine des Jacobins,
en défense de la patrie

Pronostic sur Maximilien de Robespierre par un animal amphibie

Dans cette brochure signée « Polyme », Olympe de Gouges met en garde Robespierre contre les rumeurs lui prêtant l'intention d'assassiner le roi et de placer les Girondins en état d'arrestation.

Je suis un animal sans pareil ; je ne suis ni homme ni femme. J'ai tout le courage de l'un, et quelquefois les faiblesses de l'autre. Je possède l'amour de mon prochain et la haine de moi seul. Je suis fier, simple, loyal et sensible.

Dans mes discours, on trouve toutes les vertus de l'égalité ; dans ma physionomie, les traits de la liberté ; et dans mon nom, quelque chose de céleste.

D'après ce portrait, qui n'est ni fini ni flatté, on peut m'en croire sur ma parole. Écoute, Robespierre, c'est à toi que je vais parler, entends ton arrêt et souffre la vérité.

Tu te dis l'unique auteur de la Révolution, tu n'en fus, tu n'en es, tu n'en seras éternellement que l'opprobre et l'exécration. Je ne m'épuiserai pas en efforts pour te détailler ; en peu de mots, je vais te caractériser. Ton souffle méphétise l'air pur que nous respirons actuellement, ta paupière vacillante exprime malgré toi toute la turpitude de ton âme, et chacun de tes cheveux porte un crime.

Tu nous parles de tes vertus ; et au moment où ta bouche impie a osé proférer ce mot sacré, l'auteur de toutes les vertus n'a pas tonné ! Mais quel que soit l'affreux athéisme de ton cœur, tu le connaîtras quand sa main invisible lancera la foudre sur la tête du coupable.

Robespierre, lorsque le Sénat français te somma de répondre à toutes les dénonciations qui s'accumulaient contre toi, pourquoi, réponds, balanças-tu ?

L'innocence ne temporise point, quand elle peut terrasser la calomnie ; l'imposture, au contraire, cherche toujours les subterfuges. Tu prépares ton discours depuis huit jours, pour répondre aujourd'hui. Je t'aurais devancé, mais j'ai voulu voir les efforts de tes nouveaux progrès ; ils sont impuissants. Le peuple français, devenu républicain, ne deviendra pas un peuple d'assassins. Tu voulais que ta réponse fût une insurrection sanglante. Quoique Paris paraisse aujourd'hui agité, que pourras-tu dire à la tribune pour ta justification ? Crois-moi, Robespierre, fuis le grand jour, il n'est pas fait pour toi ; imite Marat, ton digne collègue, rentre avec lui dans son infâme repaire. Le ciel et les hommes sont d'accord pour vous anéantir tous deux. Que veux-tu ? Que prétends-tu ? De qui veux-tu te venger ? à qui veux-tu faire la guerre, et de quel sang as-tu soif encore ? De celui du peuple ? il n'a pas encore coulé. Tu sais que les lois républicaines sont plus sévères que les lois des tyrans, que tu voudrais égaler en autorité, comme en forfaits.

Quiconque ose enfreindre ces lois, reçoit la mort pour châtiment. Et connaissant l'énergie de ce gouvernement, tu voudrais agiter le peuple pour le renverser dans sa naissance ; tu voudrais souiller la nation par la réunion de crimes inconnus jusqu'ici ; tu voudrais assassiner Louis le dernier, pour l'empêcher d'être jugé légalement ; tu voudrais assassiner Pétion, Roland, Vergniaud, Condorcet, Louvet, Brissot, Lasource, Guadet, Gensonné, Hérault-Séchelle, en un mot tous les flambeaux de la république, et du patriotisme ! Tu voudrais te frayer un chemin sur des monceaux de morts, et monter par les échelons du meurtre et de l'assassinat au rang suprême ! Grossier et vil conspirateur ! Ton sceptre sera la fleur de lis de la peine de gêne ; ton trône, l'échafaud ; ton supplice, celui des grands coupables. Corrige-toi, s'il en est encore temps.

Pour mon nom, je le tais, et tel est mon dessein : mais je te l'apprendrai les armes à la main.

Je te jette le gant du civisme, l'oses-tu ramasser ?

Trace sur cette affiche le jour, l'heure, le lieu du combat, je m'y rendrai !

Et toi, peuple de Paris, pour qui j'ai pris principalement la plume, fixe tes regards sur cette affiche, dictée à la hâte par un cœur sans reproche et une âme républicaine.

La République française te doit son affranchissement ; défends ton ouvrage, et garde-toi bien de céder un moment à de criminelles instigations. Ces hommes pervers de qui je viens de briser le masque spécieux, te préparent de nouveaux fers si tu fléchis.

C'en est fait de ta liberté, tu rentres sous le joug des despotes, et tous les départements de la République rompront avec toi toutes alliances. Paris n'offrira plus que le séjour aride des cannibales. On arrivera, de toutes parts, pour tirer sur ces habitants comme sur des bêtes fauves.

La capitale, la reine des cités, n'offrira plus aux voyageurs que des ruines et des pyramides de cendre ! Si tes mains se baignent dans le sang innocent ; si tu pouvais méconnaître ces organes de la souveraineté nationale et des lois ; si tu n'es pas digne enfin des vertus républicaines, Marat, Robespierre, te conduiront de meurtre en meurtre ; mais tu périras avec ces infâmes agitateurs. Nos armées triomphantes viendront détruire, elles-mêmes, un peuple d'assassins ; plus de repos, plus d'espoir, malheureux peuple, si tu souilles une fois la République ! Je te dirai plus, pour t'élever à ce degré des grands peuples, celui qui de père en fils t'a gouverné, a mérité la mort : mais qu'après son arrêt, il serait peut-être de ta fierté de lui faire grâce. Les Anglais firent monter sur l'échafaud leur roi, mais ils n'étaient pas républicains. Apprends donc que ce titre suffit pour donner des vertus, que les esclaves ne sentirent jamais. L'esclavage t'a montré le chemin de la liberté ; la liberté va te conduire à celui de toutes les vertus républicaines : mais apprends encore que pour les bien exercer il faut se soumettre à des lois terribles. Si tu en redoutes l'austérité, ouvre la prison à ton ancien tyran, ou élève un trône à Robespierre.

Peuple républicain, tu vas mieux me connaître, je condamne ces excès d'un patriotisme égaré. Nous devons tous veiller à la sûreté publique ; mais aucun de nous ne doit se permettre des voies de fait qui peindraient plutôt la fureur de la vengeance que l'amour de la patrie. Robespierre, Marat se sont couverts sans doute de l'opprobre général ; mais leur tête est sacrée ; et s'ils sont véritablement coupables, il n'appartient qu'aux lois d'en disposer. La Convention nationale doit elle-même étouffer tout ressentiment, et donner l'exemple de l'impartialité républicaine ; punir en un mot tous ceux qui provoqueraient le meurtre de ces agitateurs insensés, qui, pour assouvir leur vengeance, ne désireraient peut-être qu'allumer les torches de la guerre civile, et grossir leur parti, en répandant contre les patriotes qu'ils sont eux-mêmes les assassins.

Ô mes concitoyens ! Repoussons ce fléau. J'ai prononcé ; choisissez : la boîte à Pandore est ouverte.

5 novembre 1792

En manière de testament

Dans une brochure adressée à la Convention, Olympe de Gouges s'inquiète du sort que pourraient lui réserver ses ennemis et justifie les positions qu'elle a adoptées depuis le début de la Révolution.

Ô divine providence ! toi qui dirigeas toujours mes actions, je n'invoque que toi seule ; les hommes ne sont plus en état de m'entendre. Dispose de mes jours, accélères-en le terme. Mes yeux fatigués du douloureux spectacle de leurs dissensions, de leurs trames criminelles, n'en peuvent plus soutenir l'horreur. Si je dois périr par le fer des contre-révolutionnaires de tous les partis, inspire-moi dans mes derniers moments, et donne-moi le courage et la force de confondre les méchants et de servir encore une fois, si je le puis, mon pays, avant mon heure suprême !

Toi qui prépares de loin les révolutions et frappes les tyrans ! Toi dont l'œil scrutateur pénètre jusque dans les consciences les plus ténébreuses ; le crime est à son comble ; dévoile ce long mystère d'iniquité ; frappe, il est temps. Ou si, pour arriver jusqu'aux jours de tes terribles vengeances, il te faut le sang pur et sans tache de quelques victimes innocentes, ajoute à cette grande prospection, celui d'une femme. Tu sais si j'ai recherché une mort glorieuse ! Contente d'avoir servi, la première, la cause du peuple ; d'avoir sacrifié ma fortune au triomphe de la liberté ; d'avoir enfin donné, dans mon fils, un vrai défenseur à la patrie, je ne cherchais que la retraite la plus obscure, la chaumière du philosophe, digne et douce récompense de ses vertus ! Voyant mes écrits, mes efforts impuissants pour rappeler les hommes à la plus douce des morales, à cette touchante fraternité qui pouvait seule sauver la patrie, je pleurais, dans le silence, un fils qui avait versé son sang pour elle sur les frontières, et qui, par un de ces miracles dont toi seule, ô providence ! diriges les bienfaits, m'a été rendu. Arraché de dessous les cadavres et les chevaux de l'ennemi, ce fils qu'on croyait dans l'armée française, sacrifié à son bouillant civisme, porté parmi les mourants à un hôpital, effacé, en un mot, de la liste des vivants, dépouillé par l'ennemi de son équipage, vole à Paris pour y chercher sa mère et demander de nouveau de l'emploi ; j'avais fui la capitale, je ne cherchais qu'à vivre inconnue dans la province où j'allais me fixer ; j'apprends que le ciel m'a rendu mon fils, qu'il est à Paris, et une destinée qu'en vain je voudrais entraver, me ramène dans les murs de la capitale, où m'attend sans doute une fin digne de ma persévérance et de mes longs travaux.

J'apprends que mon fils est reparti de Paris, et que c'est aux membres qui composent *la montagne* de la Convention nationale, qu'il doit un nouveau degré de confiance que son génie militaire lui avait mérité, mais qu'on pouvait refuser à sa jeunesse : je sais que passant pour modérée envers eux et penchant fortement pour les principes de la Gironde, ils n'ont pas fait rejaillir sur le fils, l'éloignement qu'ils ont pour la mère. Je devais à leur intégrité cet acte de justice publique, je dis plus, toute ma reconnaissance, et voici comme je vais la leur manifester.

Mon fils, la fortune du monde entier, l'univers asservi à mes pieds, les poignards de tous les assassins, levés sur ma tête, rien ne pourrait éteindre cet amour civique qui brûle dans mon âme, rien ne pourrait me faire trahir ma conscience. Hommes égarés par des passions délirantes, qu'avez-vous fait, et quels maux incalculables n'avez-vous pas amassés sur Paris, sur la France entière ? Vous avez hasardé le tout pour le tout, dit-on ; vous vous êtes flattés que, pour sauver la chose publique, il ne s'agissait que d'une grande proscription ; que les départements, pénétrés de terreur, adopteraient aveuglément ces horribles mesures : si vous ne vous êtes point trompés, si trente-deux victimes peuvent éteindre les haines et les passions, si elles peuvent faire déclarer, par les puissances étrangères, la république indépendante, et détruire l'armée des contre-révolutionnaires, hâtez-vous de faire couler leur sang sur les échafauds ; je vous offre une victime de plus. Vous cherchez le premier coupable ? C'est moi ; frappez. C'est moi qui dans ma défense officieuse pour Louis Capet, ai prêché, en vraie républicaine, la clémence des vainqueurs pour un tyran détrôné ; c'est moi qui ai donné l'idée de l'appel au peuple ; c'est moi enfin qui voulais, par cette grande mesure, briser tous les sceptres, régénérer les peuples, et tarir les ruisseaux de sang qui coulaient depuis cette époque pour cette cause. Voilà mon crime, Français, il est temps de l'expier au milieu des bourreaux.

Mais si, par un dernier effort, je puis encore sauver la chose publique, je veux que, même en m'immolant à leur fureur, mes sacrificateurs envient mon sort. Et si les Français, un jour, sont désignés à la postérité, peut-être ma mémoire égalera celle des Romaines. J'ai tout prévu, je sais que ma mort est inévitable ; mais qu'il est glorieux, qu'il est beau pour une âme bien née, quand une mort ignominieuse menace tous les bons citoyens, de mourir pour la patrie expirante ! Je n'accuse directement personne ; mais enfin que ferez-vous, que deviendrez-vous, hommes de sang, si les départements s'élèvent contre Paris, et s'arment pour la défense des dépôts sacrés qu'ils vous ont confiés dans la personne de leurs mandataires ? Vous exaspérerez le peuple qui, dans son aveuglement, ira les immoler et satisfaire à votre vengeance ; mais échapperez-vous, après ce crime à ce peuple revenu de son égarement, à ce retour de l'opinion publique, sur laquelle vous avez échafaudé vos criminelles espérances ? Non. Je crois le voir, ce peuple, tel qu'on nous peint l'être suprême au jugement dernier, terrible dans sa justice, vous demander compte du sang que vous lui aurez fait verser, et du péril éminent où vos fureurs l'auront enchaîné. Ah ! s'il en est temps encore, hommes égarés (car je ne puis m'adresser qu'à ceux qui n'ont que la tête perdue), mettez un frein à vos haines et à vos vengeances ! Pour ces âmes abjectes, vendues aux puissances étrangères ; et qui, la torche et le fer à la main, prêchant le républicanisme, nous conduisent évidemment au plus horrible esclavage, leur supplice, un jour, égalera leurs forfaits. C'est donc à vous, dis-je, citoyens égarés, d'ouvrir les yeux sur la ruine prochaine de votre malheureuse patrie, d'arrêter ces torrents destructeurs débordés de toutes parts vers cette cité. Et vous, représentants de la nation qui, pour sauver la chose publique de Paris, n'avez point, par cette mesure, sauvé celle de la France entière, vous avez sacrifié trente-deux de vos dignes collègues à des haines personnelles qui bientôt vous demanderont des actes d'accusation sans pouvoir citer un seul fait contre les accusés ; savez-vous ce qui vous reste à faire si, persuadés de leur innocence, un crime plus inique peut vous forcer à rendre ces affreux décrets contre votre conscience, surpassez, s'il se peut, les Romains en courage et en vertu ? Rappelez ces victimes dans votre sein, et présentez vos têtes au peuple. Revêtus de la souveraineté nationale, quels coups pourront aller jusqu'à vous ? Et si par un de ces forfaits inconnus au monde, les furieux parvenaient à se faire un passage sur les corps mourants des bons citoyens qui s'armeront pour vous défendre, mourez du moins dignes de nos justes regrets et de l'admiration de la postérité.

Et vous, victimes du plus noir des forfaits, dignes de la première liberté de Rome après l'exil des Tarquins, qui pourra se retracer votre fermeté, votre soumission aux lois, sans vous placer aux côtés des Brutus, des Catons, etc.

Je vois la postérité s'arrêter sur ces pages de l'histoire, où vos noms seront tracés, et verser des larmes d'admiration quand elle apprendra que, transportés de cet héroïsme républicain au milieu de la terreur et des menaces, vous avez volé à l'envi à la tribune pour offrir votre tête au peuple, et faire le sacrifice d'une vie sans tache à la chose publique.

Combien je me sens aussi transportée de ce même héroïsme qui épure le courage et fait pâlir les assassins ! Oui, tout m'annonce que c'est dans la même mort qui vous attend, que je trouverai la récompense de mes vertus civiques. Combien je m'enorgueillis de prendre votre défense et de mourir comme vous en vraie républicaine !

Vous que la France réclame, sur lesquels la majorité des citoyens de Paris gémit, et qu'aucun d'eux n'ose défendre, recevez cette preuve de mon courage et de l'estime que j'ai vouée à tous les hommes que je crois vertueux.

Mais puisque je suis assez heureuse, avant ma mort, pour me faire connaître à mes concitoyens, je vais en peu de mots leur rendre un compte exact de ma conduite et de ma fortune. Que les intrigants qui dilapident si effrontément les trésors de la république, donnent comme moi un tableau exact de leur actif et de leur passif ; et alors le peuple verra clair, et saura distinguer ses vrais amis de ses ennemis.

En 1788, je possédais encore 50 000 livres, que j'avais placées dans une maison connue, et un mobilier d'environ 30 000 livres ; il me reste en tout 15 000 ou 16 000 livres au plus. On trouvera chez Momet, notaire, mon contrat de remboursement, et le compte exact de 40 000 livres que j'ai dépensées pour la cause populaire. Mes dons dans le grand hiver, mes écrits qui répandirent toute la bienfaisance qui s'opéra alors, mes projets d'ateliers publics pour les ouvriers, mes impôts volontaires, mes dons patriotiques, mon nom étranger aux livres des pensions, aux listes civiles, ma droiture, mon désintéressement, enfin les preuves les plus exactes chez les notaires, dans les procès-verbaux et dans les papiers publics depuis 1788, tout apprendra à mes concitoyens que, si je n'ai pas cherché la gloire ni les récompenses, ma conduite n'en fut que plus pure et plus éclatante. En vain les intrigants m'accuseront-ils d'être d'intelligence avec ceux qu'ils appellent *Girondistes ;* ils savent trop que je n'ai aucun rapport public ni particulier avec aucun, si ce n'est la conformité des bons principes. C'est la vérité ; et si le Dieu des consciences, tel que je me le figure, est le seul Dieu que les hommes doivent adorer, je verrai un jour cette vérité triompher de l'imposture. Ou si je suis privée de cette jouissance, mes concitoyens, après moi, me rendront justice. Et jamais il n'entrera dans ma tête que les hommes qu'on a voulu envelopper dans une affreuse proscription, fussent les complices des tyrans couronnés ; eux qui périraient les premiers sur l'échafaud de ces tyrans l'emportaient sur nos efforts républicains. Mais ils ont des talents, des vertus et du caractère ; voilà leurs crimes ! Qu'on m'en prouve d'autres et je serai la première à faire leur procès. Hélas ! à peine je peux concevoir ce que je vois après ce que j'ai entendu ; oui, j'ai entendu des hommes semblables à cet odieux Dumouriez, combattre mon républicanisme, me dire qu'il était impossible qu'il se soutînt en France, qu'un roi, un protecteur, un maître, en un mot, était indispensable à la turbulence française ; et je vois ces mêmes hommes acharnés à traiter de factieux les sages de la République !

Comment est-il possible de prêcher avec véhémence ce qu'on ne pense pas ? Comment peut-on avec autant d'audace tromper le peuple et mettre sur le compte d'autrui les résultats de ses propres crimes ? Si ces hommes dominent, c'en est fait de la liberté et de l'égalité. La tyrannie s'avance à pas de géant par nos dissensions. Citoyens ! vous pouvez me donner la mort ; mais vous vous rappellerez malgré vous mes prédictions et mes vertus civiques. Il est temps de faire l'énumération de mes legs, qui ne seront peut-être pas indifférents à la société, et dans lesquels je me permettrai un peu de cette gaieté que j'ai toujours mise dans tout ce qui me concerne.

Je lègue mon cœur à la patrie, ma probité aux hommes (ils en ont besoin). Mon âme aux femmes, je ne leur fais pas un don indifférent ; mon génie créateur aux auteurs dramatiques, il ne leur sera pas inutile, surtout ma logique théâtrale au fameux Chesnier ; mon désintéressement aux ambitieux, ma philosophie aux persécutés, mon esprit aux fanatiques, ma religion aux athées, ma gaieté franche aux femmes sur le retour, et tous les pauvres débris qui me restent d'une fortune honnête, à mon héritier naturel, à mon fils, s'il me survit.

Quant à mes pièces de théâtre, en manuscrits, on en trouvera quelques centaines, je les donne à la Comédie-Française ; si par son art magique et sublime, elle croit, après ma mort, mes productions dignes de figurer sur son théâtre, c'est assez lui prouver que je rends justice à son talent inimitable. J'aurais voulu, avant ma mort, laisser un extrait d'une vie bien intéressante, par la bizarrerie de mon étoile, depuis ma naissance ; mais si le sort a destiné à mes jours une fin prompte et glorieuse, je laisserai à deviner aux hommes sensibles, s'il en est encore, ce que peut avoir éprouvé une victime du fanatisme, qui avait des droits à la fortune et au nom d'un père célèbre.

Français, voici mes dernières paroles, écoutez-moi dans cet écrit, et descendez dans les fonds de votre cœur : y reconnaissez-vous les vertus sévères et le désintéressement des républicains ? Répondez : qui de vous ou de moi chérit et sert le mieux la patrie ? Vous êtes presque tous de mauvaise foi. Vous ne voulez ni la liberté ni la parfaite égalité. L'ambition vous dévore ; et ce vautour qui vous ronge et vous déchire sans relâche, vous porte au comble de tous les excès. Peuple aimable, devenu trop vieux, ton règne est passé, si tu ne l'arrêtes sur le bord de l'abîme. Jamais tu ne fus plus grand, plus sublime que dans le calme majestueux que tu sus garder au milieu des orages sanguinaires, dont les agitateurs viennent de t'environner ; rappelle-toi qu'on peut te tendre les mêmes pièges ; et si tu peux conserver ce calme et cette auguste surveillance, tu sauves

Paris, la France entière et le gouvernement républicain.

C'est toi Danton que je choisis pour le défenseur des principes que j'ai développés à la hâte et avec abondance de cœur dans cet écrit. Quoique nous différions dans la manière de manifester notre opinion, je ne te rends pas moins la justice qui t'est due, et je suis persuadée que tu me la rends aussi ; j'en appelle à ton profond discernement, à ton grand caractère ; juge-moi. Je ne placarderai pas mon testament ; je n'incendierai pas le peuple de Paris ni les départements ; je l'adresse directement, et avec fermeté, aux Jacobins, au département, à la commune, aux sections de Paris, où se trouve la majorité saine des bons citoyens qui, quels que soient les efforts des méchants, sauvera la chose publique.

4 juin 1793

Adresse au tribunal révolutionnaire

Dernière adresse publique d'Olympe de Gouges, alors qu'après plusieurs semaines d'emprisonnement elle va comparaître devant le tribunal révolutionnaire.

Tribunal redoutable, devant lequel frémissent le crime et l'innocence même, j'invoque ta rigueur, si je suis coupable ; mais écoute la vérité.

L'ignorance et la mauvaise foi sont enfin parvenues à me traduire devant toi : je ne cherchais pas cet éclat. Contente d'avoir servi, dans l'obscurité, la cause du peuple, j'attendais avec modestie et fierté une couronne distinguée que la postérité seule peut donner, à juste titre, à ceux qui ont bien mérité de la patrie. Pour obtenir cette couronne éclatante, il me fallait sans doute être en butte à la plus noire des persécutions ; il fallait encore plus ; il me fallait combattre la calomnie, l'envie et triompher de l'ingratitude. Une conscience pure et imperturbable, voilà mon défenseur.

Pâlissez, vils délateurs ; votre règne passe comme celui des tyrans. Apôtres de l'anarchie des massacres, je vous ai dénoncés depuis longtemps à l'humanité ; voilà ce que vous n'avez pu me pardonner.

Vieux esclaves des préjugés de l'Ancien Régime, valets gagés de la cour, républicains de quatre jours, il vous sied bien d'inculper une femme née avec un grand caractère et une âme vraiment républicaine ; vous me forcez à tirer vanité de ces avantages, dons précieux de la nature, de ma vie privée et de mes travaux patriotiques. Les taches que vous avez imprimées à la nation française ne peuvent être lavées que par votre sang que la loi fera bientôt couler sur l'échafaud. En me précipitant dans les cachots, vous avez prétendu vous défaire d'une surveillante nuisible à vos complots. Frémissez, tyrans modernes ! Ma voix se fera entendre du fond de mon sépulcre. Mon audace vous met à pis faire ; c'est avec le courage et les armes de la probité que je vous demande compte de la tyrannie que vous exercez sur les vrais soutiens de la patrie.

Et vous, magistrats qui allez me juger, apprenez à me connaître ! Ennemie de l'intrigue, loin des systèmes, des partis qui ont divisé la France au milieu du choc des passions, je me suis frayée une route nouvelle, je n'ai vu que d'après mes yeux ; je n'ai servi mon pays que d'après mon âme ; j'ai bravé les sots ; j'ai frondé les méchants et j'ai sacrifié ma fortune entière à la Révolution.

Quel est le mobile qui a dirigé les hommes qui m'ont impliquée dans une affaire criminelle ? La haine et l'imposture.

Robespierre m'a toujours paru un ambitieux, sans génie, sans âme. Je l'ai vu toujours prêt à sacrifier la nation entière pour parvenir à la dictature ; je n'ai pu supporter cette ambition folle et sanguinaire, et je l'ai poursuivi comme j'ai poursuivi les tyrans. La haine de ce lâche ennemi s'est cachée longtemps sous la cendre, et depuis, lui et ses adhérents attendaient avec avidité le moment favorable de me sacrifier à sa vengeance.

Les Français, sans doute, n'ont pas oublié ce que j'ai fait de grand et d'utile pour la patrie ; j'ai vu depuis longtemps le péril imminent qui la menace, et j'ai voulu par un nouvel effort la servir. Le projet des trois urnes développé dans un placard, m'a paru le seul moyen de la sauver ; et ce projet est le prétexte de ma détention.

Les lois républicaines nous promettaient qu'aucune autorité illégale ne frapperait les citoyens, cependant un acte arbitraire, tel que les inquisiteurs, même de l'ancien régime, auraient rougi d'exercer sur les productions de l'esprit humain, vient de me ravir ma liberté, au milieu d'un peuple libre.

À l'art. 7 de la Constitution, la liberté des opinions et de la presse n'est-elle pas consacrée comme le plus précieux patrimoine de l'homme ?

Ces droits, ce patrimoine, la Constitution même, ne seraient-ils que des phrases vagues, et ne présenteraient-ils que des sens illusoires ? Hélas ! j'en fais la triste expérience ; républicains, écoutez-moi jusqu'au bout avec attention.

Depuis un mois, je suis aux fers ; j'étais déjà jugée, avant d'être envoyée au tribunal révolutionnaire par le sanhédrin de Robespierre, qui avait décidé que dans huit jours je serais guillotinée. Mon innocence, mon énergie, et l'atrocité de ma détention ont fait faire sans doute à ce conciliabule de sang, de nouvelles réflexions ; il a senti qu'il n'était pas aisé d'inculper un être tel que moi, et qu'il lui serait difficile de se laver d'un semblable attentat ; il a trouvé plus naturel de me faire passer pour folle. Folle ou raisonnable, je n'ai jamais cessé de faire le bien de mon pays ; vous n'effacerez jamais ce bien ; et malgré vous, votre tyrannie même le transmettra en caractères ineffaçables chez les peuples les plus reculés ; mais ce sont vos actes arbitraires et vos cyniques atrocités qu'il faut dénoncer à l'humanité et à la postérité. Votre modification de mon arrêt de mort produira un jour un sujet de drame bien intéressant ; mais je continue de te poursuivre, caverne infernale, où les furies vomissent à grands flots le poison de la discorde et que tes énergumènes vont semer dans toute la République, et produire la dissolution entière de la France, si les vrais républicains ne se rallient pas autour de la statue de la liberté. Rome aux fers n'eût qu'un Néron et la France libre en a cent.

Citoyens, ouvrez les yeux et ne perdez pas de vue ce qui suit.

J'apporte moi-même mon placard chez l'afficheur de la commune qui en demanda la lecture ; sa femme, que je comparais dans ce moment à la servante de Molière, souriait et faisait des signes d'approbation pendant le cours de cette lecture ; il est bon, dit-elle, je l'afficherai demain matin.

Quelle fut ma surprise le lendemain ? je ne vis pas mon affiche ; je fus chez cette femme lui demander le motif de ce contretemps. Son ton et sa réponse grotesques m'étonnèrent bien davantage ; elle me dit que je l'avais trompée, et que mon affiche gazouillait bien différemment hier qu'elle ne gazouille aujourd'hui.

C'est ainsi, me disais-je, que les méchants parviennent à corrompre le jugement sain de la nature ; mais ne désirant que le bien de mon pays, je me portai à dire à cette femme que je ferais un autodafé de mon affiche, si quelque personne capable d'en juger, lui eut dit qu'elle pouvait nuire à la chose publique. Cet événement m'ayant fait faire quelques réflexions sur la circonstance heureuse qui paraissait ramener les départements, m'empêcha de publier cette affiche ; je la fis passer au Comité de salut public, et je lui demandai son avis, que j'attendais sa réponse pour en disposer.

Deux jours après, je me vis arrêtée et traînée à la mairie, où je trouvai le sage, le républicain, l'impassible magistrat Marinot. Toutes ces rares qualités, vertus indispensables de l'homme en place, disparurent à mon aspect. Je ne vis plus qu'un lion rugissant, un tigre déchaîné, un forcené sur lequel un raisonnement philosophique n'avait fait qu'irriter les passions ; après avoir attendu trois heures en public son arrêt, il dit en inquisiteur à ses sbires : conduisez madame au secret, et que personne au monde ne puisse lui parler.

La veille de mon arrestation j'avais fait une chute, je m'étais blessée à la jambe gauche ; j'avais la fièvre et mon indignation ne contribua pas peu à me rendre la plus infortunée des victimes. Je fus renfermée dans une mansarde de six pieds de long, sur quatre de large, où se trouvait placé un lit ; un gendarme qui ne me quittait pas d'une minute jour et nuit, indécence dont la Bastille et les cachots de l'Inquisition n'offrent point d'exemple. Ces excès sont une preuve que l'esprit public est tout à fait dégénéré et que les Français touchent au moment de leur fin cruelle, si la Convention n'expulse ces hommes qui renversent les décrets et paralysent entièrement la loi. Je n'ai cependant qu'à me louer de l'honnêteté et du respect des gendarmes ; j'ajouterai même que ma douloureuse situation leur arracha plus d'une fois des larmes. La fièvre que j'avais toutes les nuits, un amas qui se formait dans ma jambe, tout appelait vers moi, quand j'aurais été criminelle, les secours bienfaisants de la sainte humanité. Ah ! Français, je ne peux me rappeler ce traitement sans verser de larmes. Vous aurez de la peine à croire que des hommes, des magistrats soit-disant populaires, aient poussé la férocité jusqu'à me refuser pendant sept jours de faire appeler un médecin et de me faire apporter du linge. Vingt fois la même chemise que j'avais trempée de mes sueurs se ressécha sur mon corps. Une cuisinière du maire de Paris, touchée de mon état, vint m'apporter une de ses chemises. Son bienfait fut découvert et j'appris que cette pauvre fille avait reçu les reproches les plus amers de son humanité.

Quelques honnêtes administrateurs furent si indignés de ce traitement qu'ils déterminèrent l'époque de mes interrogatoires. Il est aisé de reconnaître dans ces incroyables interrogatoires, la mauvaise foi et la partialité du juge qui m'interrogeait : « Vous n'aimez pas les Jacobins, me dit-il, et ils n'ont pas droit de vous aimer non plus ! — J'aime, monsieur, lui répondis-je, avec la fierté de l'innocence, les bons citoyens qui composent cette société ; mais je n'en aime pas les intrigants ». Il fallait, je le savais d'avance, flatter ces tigres, qui ne méritent pas de porter le nom d'hommes, pour être absoute ; mais celui qui n'a rien à se reprocher, n'a rien à craindre. Je les défiai ; ils me menacèrent du tribunal révolutionnaire. — « C'est là où je vous attends » leur dis-je. Il fallut mettre les scellés sur mes papiers. Le neuvième jour je fus conduite chez moi par cinq commissaires. Chaque papier qui tombait entre leurs mains était de nouvelles preuves de mon patriotisme et de mon amour pour la plus belle de toutes les causes. Ces commissaires, mal prévenus d'abord, et surpris de trouver tout à ma décharge, n'eurent point le courage d'apposer les scellés ; ils ne purent s'empêcher de convenir, dans leur procès-verbal, que tous mes papiers manuscrits et imprimés ne respiraient que patriotisme et républicanisme. Il fallait me délivrer. C'est ici que mes juges s'embarrassent ; revenir sur leurs pas, réparer une grande injustice en me priant d'oublier cet odieux traitement, un tel procédé n'est pas fait pour des âmes abjectes ; ils trouvèrent plus agréable de me transférer à l'Abbaye, où je suis depuis trois semaines, placée dans une de ces chambres où l'on voit le sang des victimes du deux septembre imprimé sur les murs. Quel spectacle douloureux pour ma sensibilité ; en vain je détourne mes yeux, mon âme est déchirée ; je péris à chaque minute du jour sans terminer ma déplorable vie.

Ce récit fidèle, bien au-dessous du traitement odieux que j'ai reçu, va fixer le tribunal révolutionnaire sur ma cause et mettre fin à mes tourments. Quelle sera sa surprise et celle de la masse entière des Français, quand ils apprendront, malheureusement trop tard, que mon projet des *Trois Urnes* pouvait sauver la France du joug honteux dont elle est menacée, quand enfin, par une de ces grandes mesures que la providence inspire aux belles âmes, je réveillais l'honneur de la nation, et je la forçais à se lever toute entière pour détruire les rebelles et repousser l'étranger. Cette affiche et mon mémoire qui ne peuvent se placarder par l'étendue de la matière, vont, par le moyen de la distribution à la main, éclairer le public ; oui, mes concitoyens, ce comble d'iniquité va servir mon pays. À ce prix, je ne me plains plus ; et je rends grâce à la malveillance de m'avoir fourni encore cette occasion.

Et toi, mon fils, de qui j'ignore la destinée, viens, en vrai républicain te joindre à une mère qui t'honore ; frémis du traitement inique qu'on lui fait éprouver ; crains que mes ennemis ne fassent rejaillir sur toi les effets de leurs calomnies. On voit dans le journal de l'*Observateur de l'Europe*, ou *l'Écho de la liberté*, à la *Feuille du trois août*, une lettre d'un dénonciateur gagé, datée de Tours, qui dit : « Nous avons ici le fils d'Olympe de Gouges pour général. C'est un ancien serviteur du château de Versailles. » Il est facile de démentir un mensonge aussi grossier ; mais les machinateurs ne cherchent pas à prouver ; il leur suffit seulement de jeter de la défaveur sur la réputation d'un bon militaire. Si tu n'es pas tombé sous les coups de l'ennemi, si le sort te conserve pour essuyer mes larmes, abandonne ton rang à ceux qui n'ont d'autre talent, que de déplacer les hommes utiles à la chose publique ; viens en vrai républicain demander la loi du talion contre les persécuteurs de ta mère.

Septembre 1793

Éléments bibliographiques

BLANC Olivier, *Marie-Olympe de Gouges. Une humaniste à la fin du XVIII*[e] *siècle*, Paris, Éditions Syros, 1981.

FAUCHEUX Michel, *Olympe de Gouges*, Paris, Gallimard, « Folio biographie », 2018.

FRAISSE Geneviève, *Muse de la raison. Démocratie et exclusion des femmes en France*, Paris, Gallimard, « Folio histoire », 1995 [1989].

GODINEAU Dominique, « Olympe de Gouges », in *Dictionnaire des féministes. France XVIII*[e]*-XXI*[e] *siècle*, Christine Bard et Sylvie Chaperon (dir.), Paris, PUF, 2017, p. 660-667.

GROULT Benoîte, *Ainsi soit Olympe de Gouges*, Paris, Grasset, 2013 [contient la *Déclaration des droits de la femme et de la citoyenne* ainsi que d'autres textes politiques].

MOUSSET Sophie, *Olympe de Gouges et les droits de la femme*, Paris, Éditions du Félin, 2003.

PERROT Michelle, *Des femmes rebelles : Olympe de Gouges, Flora Tristan, George Sand*, Tunis, Elyzad, 2014.

SCOTT Joan W., *La Citoyenneté paradoxale. Les féministes françaises et les droits de l'homme*, Paris, Albin Michel, 1998 [traduit de l'anglais (États-Unis) par Marie Bourdé et Colette Pratt].

VIENNOT Éliane, *Et la modernité fut masculine. La France, les femmes et le pouvoir, 1789-1804*, Paris, Perrin, 2016.

COLLECTION FOLIO 3€

Dernières parutions

5466. Jack Kerouac	*Sur les origines d'une génération* suivi du *Dernier mot*
5468. Patrick Pécherot	*Petit éloge des coins de rue*
5469. George Sand	*Le château de Pictordu*
5471. Martin Winckler	*Petit éloge des séries télé*
5532. Grimm	*Hänsel et Gretel* et autres contes
5607. Éric Fottorino	*Petit éloge du Tour de France*
5609. Frédéric Martinez	*Petit éloge des vacances*
5610. Sylvia Plath	*Dimanche chez les Minton* et autres nouvelles
5611. Lucien	*« Sur des aventures que je n'ai pas eues ». Histoire véritable*
5631. Boccace	*Le Décaméron. Première journée*
5634. Belinda Cannone	*Petit éloge du désir*
5635. Collectif	*Faites vos jeux ! Les jeux en littérature*
5637. Denis Diderot	*Sur les femmes* et autres textes
5638. Elsa Marpeau	*Petit éloge des brunes*
5639. Edgar Allan Poe	*Le sphinx* et autres contes
5640. Virginia Woolf	*Le quatuor à cordes* et autres nouvelles
5714. Guillaume Apollinaire	*« Mon cher petit Lou ». Lettres à Lou*
5715. Jorge Luis Borges	*Le Sud* et autres fictions
5721. Olympe de Gouges	*Déclaration des droits de la femme et de la citoyenne* et autres écrits *« Femme, réveille-toi ! »*
5722. Tristan Garcia	*Le saut de Malmö* et autres nouvelles
5723. Silvina Ocampo	*La musique de la pluie* et autres nouvelles
5760. Leonardo Sciascia	*La tante d'Amérique*
5762. Amos Oz	*Chanter* et autres nouvelles
5794. James Joyce	*Un petit nuage* et autres nouvelles
5795. Blaise Cendrars	*L'Amiral*

5797. Ueda Akinari — *La maison dans les roseaux* et autres contes

5798. Alexandre Pouchkine — *Le coup de pistolet* et autres récits de feu Ivan Pétrovitch Bielkine

5818. Mohammed Aïssaoui — *Petit éloge des souvenirs*

5819. Ingrid Astier — *Petit éloge de la nuit*

5820. Denis Grozdanovitch — *Petit éloge du temps comme il va*

5821. Akira Mizubayashi — *Petit éloge de l'errance*

5835. Francis Scott Fitzgerald — *Bernice se coiffe à la garçonne* précédé du *Pirate de la côte*

5838. Ihara Saikaku — *Histoire du tonnelier tombé amoureux* suivi d'*Histoire de Gengobei*

5896. Collectif — *Transports amoureux. Nouvelles ferroviaires*

5897. Alain Damasio — *So phare away* et autres nouvelles

5898. Marc Dugain — *Les vitamines du soleil*

5900. Henry James — *Le fantôme locataire* précédé d'*Histoire singulière de quelques vieux habits*

5901. François Poullain de La Barre — *De l'égalité des deux sexes*

5902. Junichirô Tanizaki — *Le pied de Fumiko* précédé de *La complainte de la sirène*

5903. Ferdinand von Schirach — *Le hérisson* et autres nouvelles

5904. Oscar Wilde — *Le millionnaire modèle* et autres contes

5905. Stefan Zweig — *Découverte inopinée d'un vrai métier* suivi de *La vieille dette*

5973. Collectif — *Pourquoi l'eau de mer est salée* et autres contes de Corée

5974. Honoré de Balzac — *Voyage de Paris à Java* suivi d'*Un drame au bord de la mer*

5976. Joseph Kessel — *Le paradis du Kilimandjaro* et autres reportages

5977. Jack London — *Une odyssée du Grand Nord* précédé du *Silence blanc*

5992. Pef — *Petit éloge de la lecture*

5994. Thierry Bourcy — *Petit éloge du petit déjeuner*

5995. Italo Calvino — *L'oncle aquatique* et autres récits cosmicomics

5996. Gérard de Nerval	*Le harem* suivi d'*Histoire du calife Hakem*
5997. Georges Simenon	*L'Étoile du Nord* et autres enquêtes de Maigret
5998. William Styron	*Marriott le marine*
5999. Anton Tchékhov	*Les groseilliers* et autres nouvelles
6001. P'ou Song-ling	*La femme à la veste verte. Contes extraordinaires du Pavillon du Loisir*
6002. H. G. Wells	*Le cambriolage d'Hammerpond Park* et autres nouvelles extravagantes
6042. Collectif	*Joyeux Noël ! Histoires à lire au pied du sapin*
6083. Anonyme	*Saga de Hávardr de l'Ísafjördr. Saga islandaise*
6084. René Barjavel	*Les enfants de l'ombre* et autres nouvelles
6085. Tonino Benacquista	*L'aboyeur* précédé de *L'origine des fonds*
6086. Karen Blixen	*Histoire du petit mousse* et autres contes d'hiver
6087. Truman Capote	*La guitare de diamants* et autres nouvelles
6088. Collectif	*L'art d'aimer. Les plus belles nuits d'amour de la littérature*
6089. Jean-Philippe Jaworski	*Comment Blandin fut perdu* précédé de *Montefellóne. Deux récits du Vieux Royaume*
6090. D.A.F. de Sade	*L'Heureuse Feinte* et autres contes étranges
6091. Voltaire	*Le taureau blanc* et autres contes
6111. Mary Wollstonecraft	*Défense des droits des femmes* (extraits)
6160. Théophile Gautier	*La Mille et Deuxième Nuit* et autres contes
6161. Roald Dahl	*À moi la vengeance S.A.R.L.* suivi de *Madame Bixby et le manteau du Colonel*
6162. Scholastique Mukasonga	*La vache du roi Musinga* et autres nouvelles rwandaises

6163. Mark Twain	*À quoi rêvent les garçons. Un apprenti pilote sur le Mississippi*
6178. Oscar Wilde	*Le Pêcheur et son Âme* et autres contes
6179. Nathacha Appanah	*Petit éloge des fantômes*
6180. Arthur Conan Doyle	*La maison vide* précédé du *Dernier problème. Deux aventures de Sherlock Holmes*
6181. Sylvain Tesson	*Le téléphérique* et autres nouvelles
6182. Léon Tolstoï	*Le cheval* suivi d'*Albert*
6184. Stefan Zweig	*Était-ce lui ?* précédé d'*Un homme qu'on n'oublie pas*
6210. Collectif	*Paris sera toujours une fête. Les plus grands auteurs célèbrent notre capitale*
6211. André Malraux	*Malraux face aux jeunes. Mai 68, avant, après. Entretiens inédits*
6241. Anton Tchékhov	*Les méfaits du tabac* et autres pièces en un acte
6242. Marcel Proust	*Journées de lecture*
6243. Franz Kafka	*Le Verdict – À la colonie pénitentiaire*
6245. Joseph Conrad	*L'associé*
6246. Jules Barbey d'Aurevilly	*La Vengeance d'une femme* précédé du *Dessous de cartes d'une partie de whist*
6285. Jules Michelet	*Jeanne d'Arc*
6286. Collectif	*Les écrivains engagent le débat. De Mirabeau à Malraux, 12 discours d'hommes de lettres à l'Assemblée nationale*
6319. Emmanuel Bove	*Bécon-les-Bruyères* suivi du *Retour de l'enfant*
6320. Dashiell Hammett	*Tulip*
6321. Stendhal	*L'abbesse de Castro*
6322. Marie-Catherine Hecquet	*Histoire d'une jeune fille sauvage trouvée dans les bois à l'âge de dix ans*
6323. Gustave Flaubert	*Le Dictionnaire des idées reçues*
6358. Sébastien Raizer	*Petit éloge du zen*
6359. Pef	*Petit éloge de lecteurs*

6360. Marcel Aymé — *Traversée de Paris*
6361. Virginia Woolf — *En compagnie de Mrs Dalloway*
6362. Fédor Dostoïevski — *Un petit héros*
6395. Truman Capote — *New York, Haïti, Tanger* et autres lieux
6396. Jim Harrison — *La fille du fermier*
6412. Léon-Paul Fargue — *Mon quartier* et autres lieux parisiens
6413. Washington Irving — *La Légende de Sleepy Hollow*
6414. Henry James — *Le Motif dans le tapis*
6415. Marivaux — *Arlequin poli par l'amour* et autres pièces en un acte
6417. Vivant Denon — *Point de lendemain*
6418. Stefan Zweig — *Brûlant secret*
6459. Simone de Beauvoir — *L'âge de discrétion*
6460. Charles Dickens — *À lire au crépuscule* et autres histoires de fantômes
6493. Jean-Jacques Rousseau — *Lettres sur la botanique*
6494. Giovanni Verga — *La Louve* et autres récits de Sicile
6495. Raymond Chandler — *Déniche la fille*
6496. Jack London — *Une femme de cran* et autres nouvelles
6528. Michel Déon — *Un citron de Limone* suivi d'*Oublie…*
6530. François Garde — *Petit éloge de l'outre-mer*
6531. Didier Pourquery — *Petit éloge du jazz*
6532. Patti Smith — *« Rien que des gamins »*
6546. Barack Obama — *Discours choisis*
6563. Jean Giono — *Refus d'obéissance*
6564. Ivan Tourguéniev — *Les Eaux tranquilles*
6566. Collectif — *Déclaration universelle des droits de l'homme*
6567. Collectif — *Bonne année ! 10 réveillons littéraires*
6579. Honoré de Balzac — *La Vendetta*
6580. Antoine Bello — *Manikin 100*
6581. Ian McEwan — *Mon roman pourpre aux pages parfumées* et autres nouvelles
6582. Irène Némirovsky — *Film parlé*
6618. Chimamanda Ngozi Adichie — *Le tremblement* précédé de *Lundi de la semaine dernière*

6619. Elsa Triolet	*Le destin personnel* suivi de *La belle épicière*
6650. Collectif	*Tous végétariens ! D'Ovide à Ginsberg, petit précis de littérature végétarienne*
6651. Hans Fallada	*Voyous, truands et autres voleurs*
6652. Marina Tsvétaïéva	*La tempête de neige – Une aventure. 2 pièces romantique*s
6653. Émile Zola	*Le Paradis des chats* et autres textes
6693. Corinne Atlan	*Petit éloge des brumes*
6694. Ludmila Oulitskaïa	*La soupe d'orge perlé* et autres nouvelles
6695. Stefan Zweig	*Les Deux Sœurs* précédé d'*Une histoire au crépuscule*
6727. Marcel Proust	*Vacances de Pâques* et autres chroniques
6728. Jane Austen	*Amour et amitié*
6742. Marguerite Yourcenar	*Les Songes et les Sorts*
6743. Les sœurs Brontë	*Autolouange* et autres poèmes
6744. F. Scott Fitzgerald	*Le diamant gros comme le Ritz*
6745. Nicolas Gogol	*2 nouvelles de Pétersbourg*
6746. Eugène Dabit	*Fauteuils réservés* et autres contes
6778. Annie Ernaux	*Hôtel Casanova* et autres textes brefs
6779. Victor Hugo	*Les Fleurs*
6798. Chimamanda Ngozi Adichie	*Nous sommes tous des féministes* suivi du *Danger de l'histoire unique*
6812. Ray Bradbury	*La fusée* et autres nouvelles
6813. Albert Cossery	*Les affamés ne rêvent que de pain* précédé de *Danger de la fantaisie*
6814. Georges Rodenbach	*Bruges-la-Morte*
6863. Zéno Bianu	*Petit éloge du bleu*
6876. Kazuo Ishiguro	*2 nouvelles musicales*
6888. Ovide	*Pénélope à Ulysse* et autres lettres d'amour de grandes héroïnes antiques
6889. Louis Pergaud	*La tragique aventure de Goupil* et autres contes animaliers
6890. Rainer Maria Rilke	*Notes sur la mélodie des choses* et autres textes

6917. Charles Baudelaire	*De l'essence du rire* et autres textes
6918. Marguerite Duras	*Madame Dodin*
6919. Madame de Genlis	*Mademoiselle de Clermont*
6945. Cesare Pavese	*La plage*
6946. Rabindranath Tagore	*À quatre voix*
6983. Jean-Pierre Siméon	*Petit éloge de la poésie*
6985. Belinda Cannone	*Petit éloge de l'embrassement*
7011. Collectif	*Écrire Marseille. 15 grands auteurs célèbrent la cité phocéenne*
7012. Fédor Dostoïevski	*Les Nuits blanches*
7026. George Orwell	*Pourquoi j'écris* et autres textes politiques
7027. Ivan Tourguéniev	*Le Journal d'un homme de trop*
7057. Nicolas de Condorcet	*Conseils à sa fille* et autres textes
7058. Jack Kerouac	*La grande traversée de l'Ouest en bus* et autres textes beat
7059. Albert Camus	« *Cher Monsieur Germain,…* » Lettres et extraits
7086. Federico García Lorca	*Aube d'été* et autres impressions et paysages
7087. Franz Kafka	*Blumfeld, un célibataire plus très jeune* et autres textes
7088. Georges Navel	*En faisant les foins* et autres travaux
7089. Robert Louis Stevenson	*Voyage avec un âne dans les Cévennes*
7124. Pef	*Petit éloge de l'aéroplane*
7125. Grégoire Polet	*Petit éloge de la Belgique*
7141. Louis Guilloux	*O.K., Joe !*
7142. Virginia Woolf	*Flush*
7174. Karen Blixen	*Ehrengarde*
7175. Paul Éluard	*L'amour la poésie*
7176. Franz Kafka	*Lettre au père*
7177. Jules Verne	*Le Rayon vert*
7216. Victor Hugo	*Préface de* Cromwell
7246. Collectif	*La poésie à vivre. Paroles de poètes*
7247. Gisèle Halimi	*Plaidoirie pour l'avortement*
7271. Marie NDiaye	*Une femme puissante*
7272. Frank Herbert	*Les esclaves du Vert* et autres nouvelles

*Tous les papiers utilisés pour les ouvrages
des collections Folio sont certifiés
et proviennent de forêts gérées durablement.*

*Composition Nord Compo
Impression Novoprint
à Barcelone, le 3 juin 2024
Dépôt légal : juin 2024*

ISBN 978-2-07-307355-6 / Imprimé en Espagne

635335